나라는 증상
삶이라는 환상

·

예술, 꿈, 증상, 신화, 그리고 언어에 관한 짧은 시론

나라는 증상

삶이라는 환상

예술, 꿈, 증상, 신화,
그리고
언어에 관한
짧은 시론

김권태 지음

민족사

그림은 입체의 현실을 재현하기 위해 보이지 않는 소실점을 갖고 있습니다. 그 보이지 않는 한 점으로부터 그림 속의 사물과 현상들은 비로소 생명을 얻게 되고 질서를 갖게 됩니다. 그린 이와 보는 이의 시선이 함께 만나는 그곳이 바로 세계의 시작이 되는 곳입니다.

그곳은 실제 시선을 따라 끝없이 이어지는 것이지만, 그림 속에서는 도무지 보이지가 않습니다. 그러나 그것은 보이지 않음으로써 보이는 것들에 생명을 불어넣습니다. 우리는 이것을 진실이라고 부릅니다.

진실은 스스로 자기를 드러낼 수 없습니다. 그것은 늘 드러난 사물을 통해서만 어렴풋이 가늠해 볼 따름입니다. 예술과 꿈과 증상과 신화와 언어는 모두 삶의 진실을 담고 있습니다. 진실은 스스로 자기를 드러낼 수 없기에 예술과 꿈과 증상과 신화와 언어를 빌려 입은 것입니다. 따라서 이 모두는 진실을 가리키는 손가락이자 하나의 비유가 되는 것입니다.

내 속에는 너무나 많은 내가 있고, 내가 왜 이러는지 알 수 없을 때가 많습니다. 너무나 많은 나와 알 수 없는 나는 하나의 비유입니다. 그리고 우리는 이 비유의 손가락을 따라가며 자신의 진실을 체험해 볼 수 있는 것입니다.

삶의 진실을 찾는 자는 때론 가혹한 고통의 운명이 찾아와도, 절망의 절망이 희망이 되듯이, 그리고 절망의 희망 또한 희망이 되듯이, 어떠한 지옥의 불길 속에서도 한 송이 연꽃을 피워낼 수 있을 것입니다.

2016년 가을
김권태

들어가는 말

차례

예술,
　나라는 말에는
　네가 아니라는 말이
　숨어 산다

1— 이 일이 어찌 꼭
화禍가 될 뿐이겠습니까?

우리 사는 인생사가
모두 새옹지마의 일과 같으니,
베개를 밀치고 방 가운데 누워
빗소리를 들으며 다시 잠을 자네.

人間萬事塞翁馬
推枕軒中聽雨眠

위 글은 중국 원나라 때의 승려 희회기熙晦機라는 분의 시입니다. 고단한 일상에 지쳐 시인은 목침을 베고 잠깐 낮잠을 잤던 모양입니다. 그러다 불쑥 잠에서 깨어보니 좀 전까지 들리지 않던 빗소리가 들립니다. 시인은 목침을 밀치고 방 가운데 누워 팔로 머리를 괸 채 다시 잠을 청하려 합니다.

'그래, 인생사가 다 새옹지마와 같은데, 무슨 부귀영화를 누리겠다고 이렇게 아등바등 애 태우고 마음 졸이며 살아야 하는지…'

예술, 나라는 말에는 네가 아니라는 말이 숨어 산다

시인의 한숨과 여유로움이 한 편의 그림처럼 펼쳐지는 대목입니다.

'**새옹지마**塞翁之馬'는 '변방 늙은이의 말'이라는 뜻으로 '세상의 길흉화복이 우리의 뜻과 상관없이 운명처럼 펼쳐지고 있다.'라는 의미를 가지고 있습니다. '새옹지마' 고사는 『회남자淮南子』의 「인간훈人間訓」편에 나오는 이야기입니다.

옛날 중국 변방에 술법이 오묘한 한 노인이 살고 있었다. 그런데 어느 날 집에서 키우던 말이 홀연히 북쪽 오랑캐 땅으로 달아나 버렸다. 당시 말은 아주 귀한 물건이었는데, 갑자기 소중한 재산을 잃어버리자 사람들은 모두 이 일을 안타까워하며 그를 위로해 주었다.

이에 노인이 말했다.

"이 일이 어찌 꼭 화禍가 될 뿐이겠습니까? 혹 복福이 되어 돌아올 수도 있는 것 아니겠습니까?"

아니나 다를까, 그로부터 몇 달이 지났을 무렵, 노인의 말이 북쪽 오랑캐 땅의 준마駿馬를 데리고 함께 돌아왔다. 사람들은 모두 이 일을 축하하며 그의 행운을 부러워하였다.

이에 노인이 근심스러운 표정으로 말했다.

"이 일이 어찌 꼭 복福이 될 뿐이겠습니까? 혹 화禍가 되어 돌아올 수도 있는 것 아니겠습니까?"

오랑캐 땅의 튼실한 준마 덕분에 노인의 집에는 좋은 말들이 많이 태어났다. 특히 어렵게 얻은 노인의 외동아들이 말 타기를 좋아하였다. 그런데 어느 날 그 귀한 외동아들이 말을 타고 놀다 떨어져 넓적다리가 부러졌다. 당시에는 외과 수술이 없었던 시절이라 노인의 아들은 불구자가 되어 다리를 절게 되었다. 사람들은 모두 이 일을 안타까워하며 그를 위로해 주었다.

이에 노인이 말했다.

"이 일이 어찌 꼭 화禍가 될 뿐이겠습니까? 혹 복福이 되어 돌아올 수도 있는 것 아니겠습니까?"

그 후 1년이 지났을 무렵, 북쪽 오랑캐들이 마을로 쳐들어와 한바탕 큰 전쟁이 벌어졌다. 마을의 장정들은 모두 전쟁터로 끌려가 칼과 활을 들고 싸웠는데, 마을 사람 중 열 명에 아홉은 전쟁 통에 사망하였다. 그러나 노인의 아들은 다리를 저는 장애로 인해 전쟁에 끌려가지 않고 살아남게 되었다.

그러니 복福이 화禍가 되고 화禍가 복福이 되는 이 운명의 길흉화복이야말로 참으로 알 수가 없는 일이다.

近塞上之人 有善術者 馬無故亡而入胡 人皆弔之 其父曰 此何遽不爲福乎 居數月 其馬將胡駿馬而歸 人皆賀之 其父曰 此何遽不能爲禍乎 家富良馬 其子好騎 墮而折其髀 人皆弔之 其父曰 此何遽不爲福乎 居一年 胡人大入塞 丁

壯者引弦而戰 近塞之人 死者十九 此獨以跛之故 父子相
保 故福之爲禍 禍之爲福 化不可極 深不可測也

이 이야기는 우리에게 삶의 근원적인 속성을 전해 줍니다. 우리는 이 세상을 살아가며 불가항력적인 삶의 길흉화복吉凶禍福을 반복해 경험한다는 진실 말입니다. 우리는 우리의 의지와 상관없이 펼쳐지는 도도한 운명의 물결에 휩쓸려 살아갑니다. 어느 날 내가 한순간에 교통사고로 전신마비 장애인이 될지, 또 로또에 당첨돼 일확천금을 얻을지 알 수가 없는 일입니다.

그러나 우리는 이 삶의 진실을 통해 운명에 굴복하지 않고 운명의 주인이 되어 살아갈 수 있습니다. 원치 않는 흉과 화가 찾아올지라도, "이 일이 어찌 꼭 화가 될 뿐이겠는가? 혹 복이 되어 돌아올 수도 있는 것 아니겠는가?" 하며 용기를 낼 수 있습니다. 또 갑작스런 길과 복이 찾아와도, "이 일이 어찌 꼭 복이 될 뿐이겠는가? 혹 화가 되어 돌아올 수도 있는 것 아니겠는가?" 하며 겸손을 배울 수 있는 것입니다. 두렵다고 삶의 진실을 외면하는 게 아니라, 오히려 삶의 진실을 통해 온전히 삶의 주인이 되어 살아갈 수 있는 것입니다.

그런데 만약 누군가 자신이 터득한 진실을 전하고자 "인생에서 길흉과 화복은 반복되는 법입니다."라고 말한다면, 우리는 이 진실을 두고도 "누가 그걸 몰라!" 하며 별로 대수롭지 않게 생각할 수도 있습니다. 왜냐하면 그것은 하나의 관념에 불과하기 때문입니다.

이야기는 비록 꾸며낸 가상의 세계이지만, 우리는 이야기를 통해 이야기 속의 인물이 되어 세상을 대리 체험할 수 있습니다. 이야기 속의 공간과 시간 속에서 어떤 사건을 접하며, '나라면 어떻게 했을까?' '아, 저 모습이 꼭 내 모습 같구나.' 하고 이야기 속에 자신의 모습을 비추어볼 수 있는 것입니다.

우리는 다양한 이야기와 인물들을 통해 삶의 풍부한 진실들을 체험해 볼 수 있는 것입니다. ◉

명사는 그의 관심,
형용사와 부사는 그의 정서,
동사는 그의 소망.
감정과 대상과 의지가
하나의 문장을 이루어도
그의 문장에선 어떤
예언 같은 기미가 없다.
동사는 늘 명사처럼 평면적이고,
수십 개의 문장이 이어져도
동사는 언제나 제자리걸음.
고통이 없어서일까?
그의 순백의 정서는.
문장이 사건을 향해 돌진해도
동사는 그 어떤 성장이 없다.
어두운 배경 속의 촛불처럼
명사는 간신히 문장을 불 밝히고,

장소와 시간과 인물들은

이야기를 따라 사건을 향하지만,

작가와 화자와 인물들은

버려진 마을우물처럼 모두

하나같이 어둡다.

대화도 없이 갈등도 없이,

묘사만으로 그가 보여주고자 했던 진실들은

그 어떤 분위기도 그려내지 못하고,

거리가 먼 알 수 없는 비유를 따라

쓰러지듯 창백한 문장을 이어간다….

소설가를 꿈꾸었던 제가 어느 날 볼 품 없는 저의 습작소설을 읽고서는 큰 상심에 잠겨 일기로 끄적거린 것입니다. '품사의 낙타가 쓸쓸히 이야기의 사막을 건너가네….'라고 중얼거리면서 말입니다.

이야기는 허구의 세계입니다. 그러나 이 허구는 진실을 드러내기 위한 허구이므로 마냥 허구라고도 말할 수 없습니다. 하지만 이 진실에 닿기 위해서는 현실과 닮은 **'장소'**와 **'시간'**과 **'인물들'**이 필요합니다. 그리고 이 인물들은 보이지 않는 '서사story'와 '구성plot'을 따라 **'사건'**으로 길을 내어 걸어갑니다. "그 다음은 어떻게 됐어?"라고 질문을 던지며 '서사'를 이어가고, "왜 그렇게 됐어?"라고 질문을 던지며 단단한 '구성'의 벽돌을 쌓아갑니다. 또 생략과 도치, 선택과 집중을 통해 새롭게 이야기를 재구성하기도 합니다.

"구체적으로 어떻게 된 거야?"라는 질문 속에 장소와 시간과 인물과 사건의 핍진한 묘사가 이루어지고, "왜 그렇게 한 거야?" "왜 그렇게 된 거야?"라는 질문 속에 인물들의 보이지 않는 심리와 사건의 인과가 채워집니다.

그리고 마침내 다다르게 되는 진실은 아쉽지만, 글 자체인 '텍스트text'에서는 찾을 수가 없습니다. 왜냐하면 진실은 작가와 독자 스스로가 이야기를 통해 직접 체험하는 일이기 때문입니다.

성당盛唐의 시인들은 오직 글이 흥취에 주안점을 두었으니, 그것은 마치 영양이 자기의 뿔을 나무에 걸어두고 자는 것과 같다. 발자국을 보고 영양을 구하려 하나 끝내 그것을 구할 수가 없는 것이다. 그 묘처가 투철영롱하여 마치 공중의 소리, 모양 속의 빛깔, 물속의 달, 거울 속의 형상과 같으니, 말은 다함이 있으나 그 뜻은 다함이 없는 것이다.

盛唐諸人 惟在興趣 羚羊掛角 無跡可求 故其妙處 透徹玲瓏 不可湊泊 如空中之音 相中之色 水中之月 鏡中之象 言有盡而意無窮

중국 남송 때의 평론가 엄우嚴羽는 그의 저서『창랑시화滄浪詩話』에 위와 같은 구절을 남겼습니다. "영양이 뿔을 걸어두어 그 자취를 찾을 수 없다.(羚羊掛角 無跡可求)"라는 내용은 실은 선승들의 어록인『조당집祖堂集』에 나오는 말입니다.

"어떤 사람이 돈 백 냥으로 영특한 사냥개 한 마리를 샀다. 그 개는 발자국을 따라 사냥감을 찾을 수 있지만, 발을 땅에 대지 않고 나뭇가지에 뿔을 걸고 잠자는 영양을 만난다면 그 낌새조차 알아차리지 못할 것이다.(如人將一百貫錢買得獵狗 只解尋得有蹤跡底 忽遇靈羊掛角 莫道蹤跡 氣也不識)"라는 구절에서 따온 것입니다.【『조당집』에는 '羚羊'이 '靈羊'으로 되어 있다.】

이어 선사들은 "영양이 뿔을 걸 때는 어떠합니까?(僧便問 靈羊掛角時如何)" "6·6은 36이니라. 이제 이 뜻을 알겠는가?(師云 六六三十六 又云 會摩)" "아니요, 모르겠습니다.(對云 不會)" "그러하기에 자취도 없다 하지 않았는가?(師云 不見道 無蹤跡)"라며 문답을 주고받습니다.

선禪에서 '영양'은 '뛰어난 스승'을 비유한 말입니다. 자취도 남기지 않는 뛰어난 스승의 마음 살림살이를 물으니, 스승은 "별다를 것은 없어. 배고프면 밥 먹고, 졸리면 잠을 잘 뿐이야."라고 에둘러 대답합니다. 물맛이 알고 싶으면 자기가 직접 그 물을 마셔봐야 알지 누군가에게 그 물맛을 물어봤자 아무런 의미가 없기 때문입니다. 언어로는 그 맛을 전할 수가 없는 것입니다.

예술, 나라는 말에는 네가 아니라는 말이 숨어 산다

'사냥개'가 텍스트를 읽어나가며 진실을 찾는 **'독자'**라고 한다면, '영양의 발자국'은 언어로 이루어진 하나의 **'텍스트'**입니다. 그러나 진실은 결코 그 텍스트 안에 있지 않습니다. 나뭇가지에 뿔을 걸고 잠자는 '영양'처럼 **진실**은 텍스트를 통해 안내할 수는 있어도 텍스트 자체에서는 결코 찾을 수가 없는 것입니다.

"인생에선 길흉과 화복이 반복되는 법이다."라는 진실은 그 자체로는 아무런 힘이 없습니다. '옛날 변방'이라는 시간과 장소 속에서 '노인'이라는 인물을 빌어 '말을 잃어버렸다 찾는' 구체적인 서사를 통해서만, 그것이 진실을 가리키는 손가락이 될 수 있습니다.

그러나 '변방 늙은이의 말'이라는 이 텍스트 자체에는 아무리 눈을 씻고 찾아봐도 그 진실을 찾을 수가 없습니다. 그것은 텍스트라는 거울에 자신의 욕망을 비추어보며 서로가 각자 체험해야 하는 것이기 때문입니다. ●

3— 춘화春畫

사시장춘(四時長春): 신윤복(申潤福)

출처: 국립중앙박물관

예술, 나라는 말에는 네가 아니라는 말이 숨어 산다

위 그림은 18세기 조선시대 풍속화가인 신윤복의 「사시장춘四時長春」이라고 알려진 그림입니다.

한적한 산골 별장 툇마루 위에 남녀 한 쌍의 신발이 삐뚤게 놓여 있습니다. 신발을 바닥에 벗어놓지도 못할 만큼 뭔가 한참이나 급했나 봅니다. 술상을 봐온 계집아이가 방안에서 무슨 소리가 들렸는지 걸음을 멈추고 문 밖에 서서 쥐죽은 듯 주의를 모으고 있습니다.

한낮의 봄꽃이 환하게 부풀어 올라 있고, 계곡물은 뭔지 모르게 음탕한 기운으로 흘러내립니다.

외벽 주련柱聯에는 "사시사철 봄날이구나!"라는 뜻의 '사시장춘四時長春'이라는 글귀가 체모 같은 솔잎에 살짝 가려져 있습니다.

이 그림은 짓궂은 '춘화도春畫圖'입니다.

한편 조선시대 말 허소치許小癡라는 화가도 위와 비슷한 그림을 그렸다고 합니다. 고종 황제가 "세상에서 제일 야한 그림을 그려봐라."하고 화제畫題를 주자, 그는 볕 좋은 봄날 주위에 꽃들은 흐드러지게 피어있고 한낮의 외딴 방은 꼭 잠겨 있는데, 뭐가 급했는지 남녀 한 쌍의 신발이 섬돌 위에 어지럽게 널려 있는 그림을 그렸다고 합니다. 아마 「사시장춘」 그림에 민간의 와전된 이야기가 덧붙여진 것일 겁니다.

아무튼 세상에서 제일 야한 이 그림은 겉으로는 절대 노골적이지 않습니다. 야한 그림이라고 하면 사람들은 대부분 남녀의 벗은 몸을 연상할 것입니다. 화가들 또한 야한 장면으로 장원을 타기 위해 경쟁하듯 남녀의 온갖 체위를 그려댔을 것입니다.

하지만 한낮 꼭 닫힌 외딴 방에서 벌어지는 남녀의 일들은 무심한 우리의 상상력을 자극합니다. 백 사람이 보면 백 사람이 다 제각각의 상상을 곁들여 **백 개의 새로운 그림**이 될 것입니다.

좋은 작품이란 이렇듯 노골적으로 화제를 드러내는 것이 아니라, 그 화제를 비유로써 전하는 것입니다. 그것은 우리 내면을 투사하게 하는 자극으로서 그 자체로 하나의 거울이 됩니다. 거울에 자기의 모습을 비추어 보듯, 각기 다른 욕망을 가진 사람들이 하나의 작품을 통해 각기 다른 서로의 욕망을 실현하는 것입니다.

이것은 '상징象徵'이라고 할 수 있습니다. 상징은 '코끼리(象)의 모양을 상상으로 불러내(徵) 그려보는 일'입니다. 거대한 뼈만 남기고 일찍이 대륙에서 사라져버린 코끼리를, 그 뼈를 보고 그것이 어떤 모습이었는가를 상상으로 채워보는 일입니다.

지하철 안에서 구걸을 하는 장님의 목에 이런 푯말이 쓰여 있었다고 합니다.

"저는 장님입니다. 한 푼만 도와주십시오!"

개나리가 활짝 핀 동산을 지나치며 덜컹덜컹 열차가 달리고 있습니다. 봄볕이 비스듬히 열차 안으로 쏟아져 들어오고, 장님은 짙은 선글라스를 낀 채 푯말을 목에 걸고 노래를 부릅니다. 어깨에 건 라디오에선 찬송가가 처량하게 새나옵니다. 하지만 사람들은 서로 눈치만 볼 뿐 선뜻 장님의 손바구니에 돈을 넣어 주지 않습니다.

마침 열차에 탄 한 시인이 보다 못해 푯말을 뒤집어놓고 새로 글을 써 주었다고 합니다.

"해마다 꽃이 피건만,
 저는 그 봄을
 보지 못합니다!"

적절하고 아름다운 비유입니다. 외면했던 열차 안의 사람들은 아마 이 문장 앞에 금세 장님이 되었을 것입니다. 이름 모를 장님이 되어 지팡이를 짚은 채 절뚝절뚝 봄날의 한가운데를 함께 걸었을 것입니다.

비유와 상징이야말로 진실을 에둘러 전하는 예술의 본질이라고 할 수 있습니다.

작가의 욕망과 독자의 욕망이 함께 실현되는 곳이 바로 예술입니다. 그것은 철학과 종교처럼 무거운 경구와 잠언으로 우리를 채찍질하지 않습니다. 심리학과 정신분석처럼 십 수 개의 성격유형으로 사람들을 분류해 놓고, 그들의 내면을 이해했다, 또 치료할 수 있다, 시치미 떼지 않습니다.

백 사람이 있으면 **백 개의 새로운 심리학**이 있습니다. 그 백 개의 심리학이 바로 **예술**인 것입니다. ◉

사랑의 지옥

— 유 하

정신없이 호박꽃 속으로 들어간 꿀벌 한 마리
나는 짓궂게 호박꽃을 오므려 입구를 닫아 버린다
꿀의 주막이 금세 환멸의 지옥으로 뒤바뀌었는가
노란 꽃잎의 진동이 그 잉잉거림이
내 손끝을 타고 올라와 가슴을 친다

그대여, 내 사랑이란 그런 것이다
나가지도 더는 들어가지도 못하는 사랑
이 지독한 마음의 잉잉거림,
난 지금 그대 황홀의 캄캄한 감옥에 갇혀 운다

사랑의 기쁨은 이루 말할 수 없는 황홀감을 안겨줍니다. 눈을 떠도 눈을 감아도 오직 사랑하는 내 님이 마음을 가득 채웁니다. 그대를 만나러 가기 몇 시간 전부터 나는 이미 그대를 만나며 설레어하고 있습니다.

그러나 시인은 이 사랑의 기쁨을 "사랑의 지옥"이라고 표현했습니다. "그대 황홀의 캄캄한 감옥에 갇혀 운다."고 표현했습니다. 뜨겁게 사랑을 해 본 이라면, 이 말의 의미를 잘 알 수 있을 것입니다.

한창 사랑에 빠진 시인은 자신의 마음에 번진 사랑에 대한 느낌을 한 편의 멋진 시로 형상화시켰습니다. 그리고 시를 통해 기쁨과 고통이 한데 얽힌 이 답답한 마음을, 발효가 잘된 향기로운 술처럼 아름다운 문장으로 표현했습니다.

욕망을 표현하는 일은 곧 욕망을 해소하는 일입니다. 그러나 그것이 '날 것 그대로' 전해질 때는 나와 상대 모두 불편해질 수 있습니다. 그러하기에 욕망은 '비유'를 통해 에둘러 전해야 합니다. 이 비유가 바로 예술의 본질입니다.

나와 상대의 서로 다른 욕망을 함께 충족하기 위해서는 비유와 상징이 필요합니다. 저는 중학교 사춘기 시절 일기를 쓰곤 했습니다. 가슴속의 울분이나 누구에게도 밝힐 수 없는 욕망이 생길 때면 일기장에 그 속마음을 적어 놓고 마음을 달랬습니다. 그리고 서랍 깊숙이 일기를 감추어 놓고 굳게 열쇠를 채웠습니다. 그것은 아무도 읽어서는 안 되는 것이었기 때문입니다.

그러다 국어시간에 시쓰기 과제가 주어지면 몇 날 며칠 머리를 싸매며 시쓰기에 몰두했습니다. 시가 될 만한 소재를 찾아도 보고, 또 유명한 시인들의 시집을 뒤적이며 아름다운 문장에 밑줄도 긋고 그것을 따라해 보기도 했습니다. 그렇게 무수히 썼다 지웠다를 반복하며 마침내 한 편의 시가 완성되면, 형과 누나들을 따라다니며 내 시가 어떤지 평가해 달라고 글을 내밀었습니다. 그러고도 다시 몇 번을 지웠다 고치며 형과 누나들을 귀찮게 했습니다.

또 어느 날은 밤 새워 시를 써놓고는 희열에 가득 차 '아, 나는 천재구나.' 하고 뿌듯해 하기도 했습니다. 그러다 다음날 아침이 되면 어젯밤의 희열이 얼마나 부끄럽고 유치한 것인지를, 혼자 얼굴을 붉히며 몸 둘 바를 몰라 하기도 했습니다.

그렇다면 일기는 왜 아무도 못 보게 감추려 하고, 시는 왜 보여주고 싶어 안달이 났던 것일까요?

은밀한 속마음이 날 것 그대로 표현될 때는 당장 뭔가 해소되는 느낌이 들어도 그 욕망이 남들에게 들킬까 불안하고 두려운 마음이 생깁니다. 그러나 시를 통해 욕망이 비유적으로 형상화됐을 때는 두려움 없이 그 욕망을 표현할 수 있는 것입니다. 그리고 더 세련되고 구체적인 비유일수록 욕망을 스스럼없이 표현해 그것을 인정할 수가 있는 것입니다.

그렇다면 그 느낌과 욕망들은 어떻게 구체적인 형상의 옷을 입게 되는 걸까요. 저는 5가지 질문을 생각해 보았습니다.

1. 무엇을 말하고 싶은가?

예술, 나라는 말에는 네가 아니라는 말이 숨어 산다

2. 무엇에 비유해 말할 것인가?

3. 왜 그렇게 비유한 것인가?

4. 구체적으로 예를 든다면?

5. 이것은 무엇을 말하고 있는가?

먼저 '**1. 무엇을 말하고 싶은가?**'는 자신이 표현하고 싶은 '느낌과 욕망'에 주목하는 일입니다. 내면에서 떠도는 수많은 느낌과 욕망 중 어느 것에 초점을 둘지 자신의 내면을 들여다보고, 또 그 느낌과 욕망에 접속하는 것입니다.

그리고 '**2. 무엇에 비유해 말할 것인가?**'는 표현하고 싶은 느낌과 욕망을 비유할 구체적 대상, 즉 느낌과 욕망의 대리물인 '객관적 상관물'을 찾아내는 일입니다. 여기서 객관적 상관물은 실제의 사물이 될 수도 있고, 하나의 이야기가 될 수도 있습니다.

'**3. 왜 그렇게 비유한 것인가?**'는 느낌과 욕망과 그것의 비유 대상인 객관적 상관물과의 유사성, 즉 작품 속에서 일관되게 흐르는 보이지 않는 '내적 질서'를 말하는 것입니다. '왜?'라는 질문이 붙잡고 있는 이 내적 질서가 바로 작품을 끝까지 응집력 있게 잡아주는 역할을 합니다.

여기까지의 세 질문은 창작의 구성 원리로서 작품의 전면에 드러나지 않는 부분입니다. 여기에는 작가의 욕망뿐만 아니라 동시대의 욕망도 함께 반영됩니다.

그리고 '**4. 구체적으로 예를 든다면?**'은 '작품 그 자체'로서 느낌과 욕망이 승화되어 형상화된 것을 말합니다. 이것은 실제로 우리에게 보여지고 제시되는 창작물로서 우리가 직접 보고 듣고 경험하는 대상입니다. 앞서 이야기한 '영양의 발자국' '야한 그림' 등이 바로 여기에 해당합니다.

마지막으로 '**5. 이것은 무엇을 말하고 있는가?**'는 작품 속에 감추어진 '진실'을 밝혀내는 일이며, 또한 그것을 '체험'하는 일입니다. 작품이 품고 있는 이 진실은 작품 자체에서는 찾아볼 수 없는 심연으로, 앞서 이야기한 '나뭇가지에 뿔을 걸고 잠자는 영양' '야한 그림을 보고 저마다 펼쳐지는 상상의 공간'이라고도 할 수 있습니다. 말은 다함이 있어도 그 뜻은 다함이 없는 이 진실의 거울은 작가와 독자와 시대의 욕망이 함께 만나는 곳이며, 서로 다른 세 욕망이 함께 실현되는 곳입니다.

위 5가지 질문을 바탕으로 간략하게 「사랑의 지옥」을 읽어보면, 이 시는 '사랑'이란 욕망에 대해서 말하고 있습니다. 그리고 이 사랑의 욕망을 '지옥'에 비유하여 말하고 있습니다. 왜냐하면 '사랑은 기쁨을 주는 동시에 그만큼의 고통이 뒤따르기 때문'입니다. 이러한 황홀한 고통과 연결할 수 있는 구체적인 예로서 '꿀벌이 커다란 호박꽃에 들어가 꿀을 먹으며 취해 있는데, 누군가 호박꽃을 오므려 입구를 닫아놓자 더는 나오지도 들어가지도 못하는 상황'을 빌려 온 것입니다. 그렇게 고통과 기쁨이 함께하는 '사랑의 양가감정'을 말하고 있습니다.

예술, 나라는 말에는 네가 아니라는 말이 숨어 산다

이 시는 지독하지만 황홀한 사랑을 경험한 이들에게 진실의 거울이 되어 깊은 울림을 가져다 줍니다. ●

모든 예술작품(의 제목) 앞에는 '인생(인간, 인간의 본성)'이라는 말이 괄호 쳐져 생략되어 있습니다. 삶의 한 속성을 포착하여 비유한 것이 바로 작품이기 때문입니다. 따라서 '인생(A)은 예술(B)과 같습니다(A=B).'

여기서 A가 '원관념'이라고 한다면 B는 원관념이 구체적으로 형상화된 비유로서 '보조관념'이라고 할 수 있습니다. 원관념이 숨어서 보조관념으로만 제시된 경우, 이 보조관념은 하나의 '이야기 비유', 즉 '알레고리allegory'라고도 할 수 있습니다.

'새옹지마塞翁之馬(B)'라는 제목 앞에는 '인생사人生事(A)'라는 원관념이 숨어 있습니다. 그러면 "왜 인생사가 새옹지마일까?" 하고 의문을 던지는 일은 'B에서 A를 찾아가는 여정'이 됩니다. 그리고 이 여정의 결과물이 바로 '작품(B→A)'이 되는 것입니다. 그래서 모든 작품 앞에는 '인생'이라는 말이 괄호 쳐져 숨어 있는 것입니다.

B에서 A를 찾아가는 여정은 '옛날'이라는 시간배경과 '변방'이라는 공간배경에서 '노인과 마을사람, 아들' 등의 주인공과 주

변 인물들이 '말을 잃어버리고, 아들이 다치고, 전쟁이 일어나는' 등의 **서사**story를 따라 **인과의 벽돌**plot을 쌓아올리며, 하나의 '**이야기**art'를 만들어냅니다. 그리고 마침내는 괄호 쳐져 보이지 않는 '삶의 진실(A)'에 도달하게 됩니다. 이 진실에 도달한 순간 그 여정의 기록물이었던 보조관념은 그 자체로 원관념이 되어 질적인 도약을 하게 됩니다. 달을 가리키는 손가락이 곧 달이 되는 것입니다.

손가락이 없으면 결코 달을 볼 수가 없습니다. 그리고 달을 보았으면 이제 그 손가락마저 달의 한 부분으로 달과는 떼려야 뗄 수 없는 진실의 한 부분이 되는 것입니다.

좋은 '작품(B)'은 '진실(A)'의 체험 이후에도 '왜?'라는 질문과 함께 매번 새롭게 읽혀집니다. "왜 새옹지마가 인생사를 나타내는 거지?" "새옹지마는 인생의 어떤 부분을 드러내는 걸까?" 하며, A에서 B로 되돌아가는 것입니다. 늘 새로운 질문을 품게 하고, 또 영원한 생명을 얻게 되는 것입니다. (B→A→B¹→A¹→B²→A²→⋯)

참된 성품 깊고 깊어 지극히 미묘하니,
자성을 고집 않고 인연 따라 이루도다.
하나 안에 일체 있고 일체 안에 하나이니,
하나가 곧 일체요 일체가 곧 하나이라.
한 티끌이 온 세계 품고 있고,
온 세계가 곧 한 티끌.

무량원겁 순간이요,

한 순간이 무량원겁.

과거·현재·미래 세계 늘 하나로 함께하나,

뒤섞이지 아니하여 각기 차별 유지하네.

眞性甚深極微妙 不守自性隨緣成

一中一切多中一 一卽一切多卽一

一微塵中含十方 一切塵中亦如是

無量遠劫卽一念 一念卽是無量劫

九世十世互相卽 仍不雜亂隔別成

신라시대의 고승 의상 대사義湘大師의 『법성계法性偈』에 나오는 구절입니다.

진리의 눈으로 세상을 보면, "하나가 모든 것이요 모든 것이 곧 하나이며, 한 순간이 영원이요 영원이 곧 한 순간"입니다. 그리고 그것들은 각기 개별성을 잃지 않으면서도 전체 속의 하나로 어울려 조화롭게 자기의 역할을 다하는 것입니다. 모든 것이 다 진리의 한 부분으로서 이 세상을 장엄하게 하는 것입니다.

『화엄경』의 주석에는 **'동전의 비유'**를 들어 이 미묘한 진리의 세계를 설파합니다.

예를 들어 백 원짜리 동전 10개가 펼쳐져 있을 경우, 그 동전들을 차례대로 세 나가면 첫 번째 것은 1전이요, 두 번째 것은 2

예술, 나라는 말에는 네가 아니라는 말이 숨어 산다

전이요, 마지막 것은 10전이 됩니다. 그러나 이들은 모두 백 원 짜리 동전으로 그 **놓는 순서에 따라 1전, 2전, 10전**이 됐을 뿐입니다. 이것이 "자성을 고집 않고 인연 따라 이루어진다.(不守自性隨緣成)"는 말의 의미입니다. 제가 학교에서는 선생이요, 가정에서는 남편이며, 어머니에게는 아들이 되는 이치와 같습니다. 그런데 만약 제가 아내나 어머니에게도 모두 선생임을 고집한다면, 이것은 인연법에 어긋나는 일입니다.

1전은 2전, 3전, … 10전과의 관계 속에서만 1전이 되며, 2전도 1전, 3전, … 10전과의 관계 속에서만 2전이 됩니다. 그러므로 만약 1전이 없다면 10전도 있을 수 없고, 또 10전이 없다면 1전 또한 있을 수가 없는 것입니다. 따라서 **1전 안에 10전이 있고, 10전 안에 이미 1전**이 있는 것입니다. 이것이 곧 "하나 안에 일체가 있고 일체 안에 하나가 있으며, 한 순간이 영원이요 영원이 곧 한 순간(一中一切多中一 一念卽是無量劫 無量遠劫卽一念)"이라는 말의 의미입니다.

과거·현재·미래 속에 각각의 과거·현재·미래 삼세가 담겨 있고(九世), 이 모든 시간들은 지금의 한 찰나 속에 담겨 있습니다(十世). 그러나 **각각의 동전들은 백 원짜리 동전**임에는 변함이 없으니, 이것이 "모든 시간들은 서로 함께 하나, 뒤섞이지 아니하여 각기 차별을 유지한다.(九世十世互相卽 仍不雜亂隔別成)"는 말의 의미입니다. 잡초든, 장미든 모두 제 본성을 잃지 않은 채 있는 그대로 세상을 장엄하게 빛내는 '화엄華嚴'이라는 것입니다.

인간은 결코 개별적인 존재가 아닙니다. 관계의 그물 속에서 서로가 서로를 의지하며 함께 존재하는 것입니다. 인간은 인류의 출현 이래로 켜켜이 쌓아 올려진 시간의 욕망을 담고 있습니다. 동시대의 문화와 사회상 등 당대적 욕망들도 담고 있습니다.

좋은 작품은 작가와 시대와 독자의 욕망을 모두 반영합니다. 삶의 진실에 대해 누구나 질문을 품을 수 있도록 하고, 또 그 질문을 통해 거듭날 수 있도록 일깨워 줍니다. 좋은 작품은 개인과 시대를 초월해 늘 함께하는 것입니다. ◉

우리 영혼이 무시이래의 영원과 접속해 불멸하는 일은 삶의 진실과 만나는 순간입니다. 금세 일어났다 금세 사라지는 파도의 생멸은 참으로 **무상**하지만, 그 파도가 바다 자체임을 알아 한 순간도 변함이 없음을 알아차린다면, 이제 그 무상은 사라지게 될 것입니다. 그러나 우리가 깨우친 이 **실상**은 실은 무상과 한 몸입니다. 절절한 무상을 경험하지 않고서는 이 무상의 실체를 알아차릴 수가 없기 때문입니다. 따라서 우리는 무상을 통해 참다운 모습을 발견하게 되고, 또 이 참다운 모습은 무상과 함께할 때만 경험할 수 있는 것입니다. 여기에서 우리는 무상과 실상이 함께 사라진 자리, 그토록 고대했던 삶의 **진실**을 만나 영원과 접속할 수 있는 것입니다.

도리천 왕 제석의 궁전에는 긴 그물이 덮여져 궁전을 장식하고 있다. 그물은 모두 보배구슬로 만들어져 그물코마다 아름다운 구슬이 걸려 있다. 그 빛이 또한 휘황찬란하여 마치 밝게 촛불을 켜든 듯하다.

셀 수 없이 많은 구슬이 걸려 있는 가운데 이 영롱한 구슬들은 각기 서로를 비추어 준다. 하나의 구슬 속에는 모든 구슬이 비추어져 있으며, 구슬마다 모두 이러하여 서로가 서로를 되비춰 주는 것이다.

그러나 그 어떤 것도 숨김없이 있는 그대로를 분명하게 드러낸다. 그 모양이 선명하니, 이것이 첫 번째 겹침이다.

각각의 그림자가 구슬 속에 비추어진 가운데, 또한 모든 구슬 그림자가 드러난다. 모든 구슬 그림자의 형상이 드러나니, 이것이 두 번째 겹침이다.

각각의 그림자가 두 번의 겹침으로 구슬 그림자 속에 드러나니, 또한 일체가 드러난다. 걸려 있는 구슬 그림자마다 모두 이러하다.

도리천 왕 제석의 궁전 그물에 걸려 있는 보배구슬은 이렇게 서로를 되비추어 중중으로 그림자를 드러낸다. 은밀하게 되비추어 서로 빛나니, 이 겹침이 또한 다함이 없다.

忉利天王帝釋宮殿 張網覆上 懸網飾殿 彼網皆以寶珠作之 每目懸珠 光明赫赫 照燭明朗 珠玉無量 出算數表 網珠玲玲 各現珠影 一珠之中 現諸珠影 珠珠皆爾 互相影現 無所隱覆 了了分明 相貌朗然 此是一重 各各影現珠中 所現一切珠影 亦現諸珠影像形體 此是二重 各各影現 二重所現珠影之中 亦現一切 所懸珠影 乃至如是 天帝所感 宮殿網

珠 如是交映 重重影現 隱映互彰 重重無盡

『화엄경탐현기華嚴經探玄記』에 나오는 '인다라망因陀羅網'에 대한 설명입니다. '인다라因陀羅'는 산스크리트어 '인드라(Indra)'의 음을 딴 것으로, 도리천의 왕인 '제석帝釋'을 뜻합니다.

제석이 살고 있는 궁전은 거대한 그물로 덮여 있는데, 그 마디마디에 아름다운 보배 구슬이 달려 있어 그 빛이 서로가 서로를 되비추어 끝이 없다고 합니다. "하나 안에 일체가 있고 일체 안에 하나가 있으며, 한 순간이 영원이요 영원이 곧 한 순간"이라는 의상 대사의 말과도 똑같습니다. 진리의 눈으로 세상을 보면, 이렇게 공간과 시간이 겹쳐져 서로 걸림 없이 다함 없는 것입니다.

우리의 사고를 이루는 '언어'는 '말과 글'을 비롯해, 그 말과 글이 일정한 질서로 의미를 교환하도록 보이지 않는 '문법'이 작동합니다. 그리고 이 언어는 내가 태어나기 이전부터 존재하고 있었던 선험적인 것입니다.

말과 글을 배워 사고하고 소통하는 일은 실은 거대한 집단의 정신세계와도 접속하는 일입니다. 그것은 보이지 않는 세계이며, 시작도 없고 끝도 없는 세계입니다. 시간과 공간을 모두 초월해 있는 세계입니다.

사전을 펼쳐보면, 'ㄱ, ㄴ, ㄷ, ㄹ…' 'a, b, c, d…'의 항목에 따라 수많은 언어가 그물처럼 펼쳐져 있습니다. 언어는 인류가 존재하는 한 끝없이 축적되는 것이므로 결코 다함이 없습니다.

'ㄱ' 항목의 '가'에는 '가게' '가격' '가곡' 등이 이어지고, 한자어 '가家'에는 '가구家口' '가계家計' '가장家長' 등이 이어집니다. 또 '가구家口'에서의 '구口'는 '구두口頭'로, '구두口頭'에서의 '두頭'는 '두상頭狀'으로도 이어집니다. 이렇게 집단정신과 연결된 언어와 의미의 그물망은 서로가 서로를 연결하여 그 끝이 없는 것입니다.

우리가 만들어낸 좋은 예술작품들은 우리의 영혼을 살찌웁니다. 이것은 우리 인식의 지평을 확장하는 일이며, 또한 영원의 세계와도 접속하는 일입니다.

거미줄에 걸려 있는 물방울들

비가 내린 뒤 거미줄에 걸린 물방울들입니다. 이 물방울 안에는 각각의 물방울이 서로 거울처럼 비추어져 있고, 주변의 풍경

예술, 나라는 말에는 네가 아니라는 말이 숨어 산다

들 또한 이 물방울 속에 모두 담겨 있습니다.

　또 우리 마음거울에는 서로의 모습이 눈부처처럼 함께 담겨 있습니다. 하나 속에 모두가 있고, 모두 속에 하나가 들어 있는 것입니다.

　이 세상의 진실이 그러합니다! ⬤

꽃

– 김춘수

내가 그의 이름을 불러주기 전에는
그는 다만
하나의 몸짓에 지나지 않았다.

내가 그의 이름을 불러 주었을 때
그는 나에게로 와서
꽃이 되었다.

내가 그의 이름을 불러준 것처럼
나의 이 빛깔과 향기에 알맞는
누가 나의 이름을 불러다오.
그에게로 가서 나도
그의 꽃이 되고 싶다.

예술, 나라는 말에는 네가 아니라는 말이 숨어 산다

우리들은 모두
무엇이 되고 싶다.
너는 나에게 나는 너에게
잊혀지지 않는 하나의 의미가 되고 싶다.

김춘수 시인의 「꽃」(초간본, 1959년)이라는 시입니다. 시인은 사물에 대하여 "내가 그의 이름을 불러주기 전에는/ 그는 다만/ 하나의 몸짓에 지나지 않았다.// 내가 그의 이름을 불러 주었을 때/ 그는 나에게로 와서/ 꽃이 되었다."라고 노래합니다. 인간이 처음 언어라는 개념을 사용하여 사물에 이름을 불러주고, 이어 그 의미가 태어나는 장면이 연상됩니다.

언어는 사물과 현상의 대리 개념으로 하나의 '**표상表象**'입니다. 지금 여기에 없는 사과를 생각해 보거나, 사과라고 발음하며 사과를 떠올려 보는 일이 바로 표상입니다.

이처럼 표상은 **존재**를 대신합니다. 따라서 인간은 언어를 통해 존재와 만나게 되고, 존재와 인간 사이에는 늘 언어가 있습니다.

언어는 우리의 **생각**입니다. 이 언어 안에는 무수한 우주의 표상들이 숨어 있습니다.

사물의 이름을 불러주는 일은 하나의 몸짓에 지나지 않던 사물을 하나의 의미로 바꾸어 줍니다. 사물이 의미로 태어나는 순간, 나와 그 사물은 특별한 관계가 됩니다. 내 세계 안에 나와 사물이 함께 등장하는 것입니다. 바로 세계의 시작입니다.

하지만 언어는 고유한 자성自性을 가지고 있지 않습니다. 비록 저 붉은 꽃을 '장미'라고 'rose'라고 이름 붙여 주었지만, 그것을 '구름'이라고 'cloud'라고 불러도 그 붉은 꽃의 본질은 변함이 없습니다.

언어는 '관계' 속에서 의미 지어진 것입니다. 저 붉은 꽃을 '장미'라고 이름 붙였다면, 그 '장미'에는 이제 '백합'이 아니라는, '구름'이 아니라는, '낙타'가 아니라는 말이 숨어 있게 됩니다. 자기 아닌 '다른 사물'을 통해서 자기의 고유한 이름을 갖게 되는 것입니다. 개념과 언어들은 이렇게 보이지 않게 서로가 서로를 의지하여, 잠시 '의미'라는 빛을 내는 것입니다.

나라는 말에는

– 김권태

나라는 말에는
네가 아니라는 말이 숨어 산다

장미가 아니라는
낙타가 아니라는
구름이 아니라는 말이 숨어 산다

붉은 장미에는
노란 장미가 아니라는 말이 숨어 산다
푸른 장미가 아니라는
백합이 아니라는 말이 숨어 산다

나라는 말에는
네가 낙타를 타고
터벅터벅 황홀한
장미숲을 지나고 있다

끝없이 늘어선
백합 같은 구름을 넘겨보며
너라는 말의 정원으로

비밀처럼
나를 만나러 온다

저의 졸시 한 편을 적어보았습니다.

사물에 이름을 붙여주고 그 의미의 세계가 펼쳐지지만, 실은
그 이름은 자기 아닌 수많은 다른 사물들과의 관계 속에서만 잠
시 그 이름을 부여받은 것입니다. 비교와 차이를 통해, 내가 아
닌 너를 통해, 비로소 나라는 의미가 생겨나는 것입니다. ●

8— 토끼 - 오리와 금사자

토끼−오리(Rabbit − duck)

이 그림은 '토끼−오리Rabbit−duck'라고 불리는 그림입니다. 오른쪽을 주안점으로 해서 보면 토끼로 보이고, 왼쪽을 주안점으로 해서 보면 오리로 보입니다. 토끼를 볼 때는 오리가 사라지고, 오리를 볼 때는 토끼가 사라집니다. 하나가 나오면 나머지 다른 하나는 숨어버립니다.

그렇다면 이제 객관과 주관의 경계가 희미해집니다. 내가 어

예술, 나라는 말에는 네가 아니라는 말이 숨어 산다

떻게 보느냐에 따라 사물이 달리 인식되기 때문입니다. 나와 따로 존재하는 객관이란 있을 수 없고, 또 객관을 벗어나 달리 주관이 있다고 고집할 수도 없습니다.

불교에서는 이런 객관과 주관의 오랜 논쟁인 '**유물론**唯物論'과 '**유심론**唯心論'을 넘어서서, '나와 세상이 관계 속에서 오직 인식 안에 함께 존재한다'는 '**유식론**唯識論'을 전개하였습니다.

(우리가 금으로 된 사자를 볼 때) 만약 사자만 본다면, 오직 사자만 보이고 금은 보이지 않게 될 것이다. 즉 사자는 드러나고 금은 숨게 되는 것이다. 반대로 만약 금만 본다면, 오직 금만 보이고 사자는 보이지 않게 될 것이다. 즉 금은 드러나고 사자는 숨게 되는 것이다. 만약 사자와 금 둘 다를 보고자 한다면, 함께 숨거나 함께 드러날 것이다. 숨은 것은 곧 비밀이요, 드러난 것은 곧 현저이다.

…사자와 금을 보면서 사자와 금 두 가지 모습이 함께 사라진다면, 번뇌 또한 생하지 않고 좋음과 추함이 눈앞에 있어도 마음은 바다와 같이 편안해 질 것이다. 망상이 모두 사라지고 마음의 핍박도 사라져, 얽혀 있는 장애를 벗어나 영원히 고통의 근원을 버리나니, 이를 열반에 들었다 이름 하는 것이다.

若看師子 唯師子無金 卽師子顯金隱 若看金 唯金無師子

卽金顯師子隱 若兩處看 俱隱俱顯 隱則秘密 顯則顯著 …
見師子與金 二相俱盡 煩惱不生 好醜現前 心安如海 妄想
都盡 無諸逼迫 出纏離障 永捨苦源 名入涅槃

중국 당나라 때의 고승 법장法藏이 쓴 『금사자장金師子章』의
한 부분입니다.

사자라는 현상에 주안점을 두면 금이라는 본질이 숨고, 금이
라는 본질에 주안점을 두면 사자라는 현상이 사라진다는 뜻입
니다. 그러나 금으로는 사자뿐만 아니라 코끼리도 빚어낼 수 있
는 것이니, 어떤 형상을 하건 금이라는 본질에는 변함이 없습니
다. 그리고 마침내는 본질과 현상이 따로 떼어낼 수 없는 관계
적인 것임을 알아, 본질과 현상이 따로 존재한다는 망상과 고집
을 버리고, 이 둘이 함께 사라진 진실의 자리를 체험합니다.

의미는 관계적입니다. 의미의 세계는 그 이면에 보이지 않는
비교와 차이를 통해 관계적 맥락에서만 이루어집니다. 가령 '사
랑'이라는 말은 모든 사전에서 '고귀하고 성스러운' 뜻으로 풀이
되어 있지만, 맥락에 따라서는 전혀 다른 의미가 될 수 있습니
다.

밤길에 낯선 남자가 불쑥 나를 벽에 밀치고 "사랑해"라고 하
는 말은 세상에서 가장 두려운 말이 되고, 새 애인을 따라 처자
식을 버리고 떠난 남자가 가산을 탕진하고 돌아와 "사랑해"라고
하는 말은 세상에서 가장 역겨운 말이 되는 것입니다. 그 어떤

예술, 나라는 말에는 네가 아니라는 말이 숨어 산다

사전을 뒤져봐도 '사랑'이라는 단어에 '두렵다' '역겹다'라고 풀이되어 있는 것은 없습니다. 맥락에서만 가능한 말이기 때문입니다.

장기알을 하나 잃어버려서 장기알 대신 지우개를 놓고 장기를 둔다면, 이때 지우개는 글을 지우는 지우개가 아니라 장기알의 역할을 합니다. 즉 지우개라는 의미가 숨게 되고, 새로 장기알이라는 의미가 생겨난 것입니다. 만약 그것이 차車의 역할을 한다면 그 지우개는 차가 되고, 왕王의 역할을 한다면 그 지우개는 왕이 되는 것입니다. 하지만 지우개가 장기판을 벗어나고도 장기의 차와 왕의 역할만을 고집한다면, 이 지우개는 인연법에 어긋나는 하나의 망상이 되는 것입니다.

단어의 **'사전적 의미'**와 **'맥락적 의미'**는 이렇게 중요합니다. 단어가 언어의 규칙과 질서를 벗어나는 것은 그 이름에 걸맞지 않는 것이고, 또 맥락과 상황을 떠나 그 이름만을 고집하는 것은 의미의 죽음과도 다를 바가 없는 것입니다.

다시 '토끼-오리' 그림으로 돌아와 이야기하자면, 이 세계는 내가 어떻게 보느냐에 따라 다른 모습을 보여줍니다. 주관과 객관이 가위로 오려낸 것처럼 따로 독립적으로 존재하는 것이 아니라, 나와 세계가 서로 한데 얽혀 떼려야 뗄 수 없는 한 덩어리로 이루어졌다는 말입니다. 그리고 그 한 덩어리는 자성이 없이 관계적으로만 존재할 뿐이며, 다른 맥락·다른 상황에서는 또 다른 모습으로 바뀝니다. 곧 가유假有이자 가명假名입니다.

내가 어떤 질문을 품고 있느냐에 따라 세계는 다른 대답을 들려줍니다. 따라서 좋은 작품이란 우리에게 해답을 알려주는 것이 아니라, 우리가 작품을 통해 자기만의 고유한 질문을 품을 수 있도록 일깨워주는 것입니다.

그렇게 끝없는 질문을 던져가는 가운데, 사자와 금 두 가지 모습이 함께 사라진 자리에서 우리는 기쁨의 춤사위를 출 수 있을 것입니다. ●

사랑하는 이에게 "꽃과 같다."라고 속삭이는 것은 하나의 비유입니다. 이 비유를 조금 세분화해 보면 "그대는 꽃이요."라는 문장은 '은유'라 할 수 있고, "그대는 꽃처럼 아름답소."라는 문장은 '직유'라고 할 수 있습니다.

은유隱喩는 '그대'와 '꽃'을 연결하고〔그대=꽃〕 '아름답다'는 메시지를 감춘 '은밀한〔隱〕 비유〔喩〕'이고, 직유直喩는 '그대'와 '꽃'을 '아름답다'는 메시지로 '직접〔直〕 연결한 비유〔喩〕'입니다.

"그대는 꽃이요."라는 은유는 전하고자 하는 메시지를 감춤으로써, 오히려 "그대는 꽃처럼 아름답소."라고 직접 그 메시지를 드러낸 직유보다 아름다운 꽃의 빛깔과 향기와 모양과 꽃에 얽힌 추억 등등 우리에게 더 많은 것을 떠올리게 합니다.

비유 중 '은유'와 '환유'는 구분하기가 조금 애매합니다.

언어학에서는 은유와 환유를 선택축과 결합축, 공시성과 통시성 등으로 대별하며, 인지언어학과 정신분석학에서는 이를 바탕으로 은유와 환유를 '단어'와 그 '단어의 조합'으로 대별해 정신의 구조를 설명하기도 합니다.

하지만 은유와 환유는 '두 사물을 원관념과 보조관념으로 놓고, 서로 비슷한 속성을 찾아 이어주기(은유)'와 '관련된 두 사물 중 추상적인 원관념은 생략해 놓고, 그 대신 구체적인 보조관념으로 바꾸어 제시하기(환유)'로 구분할 수 있으며, 이 둘 다 대체와 결합, 공시성과 통시성의 원리를 적용할 수 있습니다.

'은유隱喩'는 영어로 'metaphor'라고 하며, 이는 라틴어 'metáphŏra'에서 나온 말로 'meta~를 초월한, ~의 이면에'와 'phora나르다, 이동하다'가 합쳐진 말입니다. '일상언어를 넘어서 그 이면의 것을 나른다'는 뜻입니다.

'환유換喩'는 영어로 'metonymy'라고 하며, 이는 라틴어 'metonýmĭa'에서 나온 말로 'meto바꾸다, 교환하다'와 'nymia이름'가 합쳐진 말입니다. 즉 '이름을 바꾸다'라는 뜻입니다.

은유와 환유는 모두 원관념(A)을 보조관념(B)으로 에둘러 표현하는 비유법인데, 은유는 문장에서 원관념과 보조관념이 함께 존재하고, 환유는 문장에서 원관념은 생략된 채 보조관념만 존재합니다.

이를 조금 더 자세히 설명해 보면, **은유**는 원관념과 보조관념이 '유사성'을 중심으로 연결되어 서로 다른 두 사물에서 동일한 속성을 찾아내는 것입니다. 가령 "내 마음은 호수요."라고 했을 때 '마음'과 '호수'에서 동일한 속성을 찾아내 "나는 그대의 흰 그림자를 안고/ 옥같이 그대의 뱃전에/ 부서지리다.(김동명, 「내 마음은」)"로 이어가는 것입니다.

예술, 나라는 말에는 네가 아니라는 말이 숨어 산다

또 은유는 보조관념으로 인해 연상되는 것이 '일대다─對多'로 여러 개라 그 의미가 풍부합니다. 예를 들어 "내 마음은 호수요."라는 문장에서 '호수'라는 보조관념은 '잔잔함' '아득함' '푸르름' '그리움' 등 다양한 느낌들을 불러와 그 메시지가 '일상언어를 넘어서 그 이면의 것을 나르는(metaphor, 隱喩)' 것입니다.

반면에 **환유**는 원관념과 보조관념이 '연관성과 인접성'을 바탕으로 연결되어 있으며, 비교적 쉽게 그 대응되는 의미를 찾을 수 있습니다. 또 보조관념으로 인해 연상되는 것이 한두 개로 한정되어 있고, 그것이 곧 원관념이 되므로 그 전하고자 하는 메시지가 명확합니다. 예를 들어 "펜은 칼보다 강하다."라는 문장에서 '펜'은 '문장의 힘'을, '칼'은 '무력'으로 대응되며, "문장의 힘이 무력을 쓰는 것보다 낫다."라는 메시지를 갖고 있습니다. 다른 예로 "요람에서 무덤까지"라는 문장은 '요람'이 '출생'을, '무덤'이 '죽음'으로 대응되어, "출생부터 죽음까지"라는 문장의 뜻이 명확하게 드러납니다.

즉 환유는 그 '이름을 바꾸어 전하는 것(metonymy, 換喩)'으로 은유처럼 원관념과 비유된 것의 동일한 속성을 찾아내 뒷 문장으로 이어가는 게 아니라, 생략된 원관념과 관련된 내용들이 뒷 문장으로 이어집니다. 예를 들어 "요람에서 무덤까지"라는 문장이 있다면, 그 뒤에 이어지는 문장은 은유처럼 '요람'의 '흔들림과 아득함', '무덤'의 '쓸쓸함과 두려움'이 이어지는 것이 아니라, 그것의 원관념인 '출생과 죽음'에 관한 내용들이 이어지는 것입니다.

또 "댐이 말랐다."라는 문장도 환유라고 할 수 있는데, 여기서 '댐'은 '댐의 물'을 비유한 것으로 두 사물 간의 '유사성'을 원리로 한 은유와는 달리 '연관성과 인접성의 원리'에 따라 비유한 것입니다. 왜냐하면 '댐'과 '댐의 물'은 서로 동일한 속성을 갖고 있는 것이 아니라, '댐'과 그 '댐의 물'이라는 연관성과 인접성을 바탕으로 연결되어 있기 때문입니다.

은유는 'A는 B다.'라는 형식을 통해 모든 것과 연결할 수 있습니다. "내 마음은 촛불이요." "내 마음은 나그네요." "내 마음은 낙엽이요."로도 연결할 수 있는 것입니다. 다만 '원관념(마음)과 보조관념(촛불, 나그네, 낙엽)'이 납득하고 공감할 만한 '동일성'을 바탕으로 이어지지 않을 경우 무책임한 비유가 될 수도 있습니다.

비유의 한 종류로 자주 쓰이는 '상징象徵, symbol'과 '알레고리 allegory'는 '반만 드러내기(상징)'와 '이야기 비유(알레고리)'라는 말로 요약할 수 있습니다.

상징은 창작자의 입장에서 보면 사물의 본질을 뽑아내 통조림처럼 하나로 압축한 것이고, 감상자의 입장에서 보면 본질의 한 부분을 통해 그 숨어 있는 전체를 찾아내는 것입니다. 더는 존재하지 않는 코끼리를 그 뼈를 통해 '코끼리의 모습(象)을 상상으로 불러내는 것(徵)'입니다. 즉 드러난 현상을 통해 보이지 않는 전체를 복원하는 것입니다.

또 'symbol'은 라틴어 'sýmbŏlum'에서 나온 말로 '징표, 특징,

예술, 나라는 말에는 네가 아니라는 말이 숨어 산다

표상'을 뜻하는데, 이는 신원을 확인하기 위해 물건을 잘라 반쪽씩 나누어 가졌던 풍습에서 비롯한 것입니다. 그러니 갖고 있는 '반쪽⟮작품, 보조관념⟯'을 통해 보이지 않는 '나머지 반쪽⟮진실, 원관념⟯'을 찾아내야 합니다. 그러나 그것은 원래 하나이기에 혼자 있더라도 늘 보이지 않는 나머지 반쪽과 함께 존재하는 것입니다.

반면에 **알레고리**는 어떤 '이야기 전체'를 가지고 비유하는 것으로 낱개의 단어나 문장을 가지고 비유하는 '은유, 환유'와는 성격이 조금 다릅니다. 이솝우화 등의 우화나 액자식 소설에 들어가는 작은 이야기 등이 이에 해당하며, 주로 풍자나 교훈적인 내용을 전할 때 쓰입니다.

'allegory'는 라틴어 'allēgoria'에서 나온 말로 '우화⟮寓話⟯'를 뜻하고, '우화⟮寓話⟯'는 어떤 것에 '더부살이로 붙어서⟮寓⟯ 말하다⟮話⟯'라는 뜻을 가지고 있습니다.

'상징'과 '알레고리'는 '작품 전체'를 통해 비유된 것의 의미를 찾아야 하며, 둘 다 원관념이 생략되고 보조관념만 제시되어 있다는 공통점이 있습니다.

특히 상징은 어떤 것이든 그것을 보조관념으로 삼을 수 있는데, 예를 들어 "내 마음은 호수요."라는 문장에서 "마음이 상징하는 것은?"이라고 물을 수도 있고, 또 "호수가 상징하는 것은?"이라고 물을 수도 있으며, "'내 마음은 호수요.'가 상징하는 것은?" "이 시 전체가 상징하는 것은?"이라고 물을 수도 있습니다. 즉 상징 앞에서는 사물이든 상황이든, 단어나 문장이든 작품 전체든, 모두 상징의 나머지 반쪽인 보조관념이 되며, 다른 나머지 반쪽인 원관념은 보이지 않는 곳에서 보조관념과 함께 존재하는 것입니다.

상징과 은유·환유·알레고리를 한번 구분해 보면, 상징은 보조관념과 원관념의 관계가 '일대다一對多'로 대응하고, 은유·환유·알레고리는 보조관념과 원관념의 관계가 '일대일一對一'로 대응한다고 할 수 있습니다. 즉 상징이 그 의미가 더 여러 가지로 해석될 수 있는 것입니다.

상징은 은유·환유·알레고리 등 모든 비유를 자기 범주에 넣는 최상위 개념입니다. 모든 은유가 상징이 될 수는 있어도 모든 상징이 은유가 될 수는 없는 것입니다.

이러한 **비유들은 '예술, 꿈, 증상, 신화, 언어'를 이루는 형식이자 구조**입니다.

우리는 이들 비유의 형식을 통해 인간의 마음을 이해할 수 있는 근원적인 실마리를 발견할 수 있는 것입니다. ●

예술, 나라는 말에는 네가 아니라는 말이 숨어 산다

"**인생은 여행이다.**"라는 문장이 있습니다. 그러면 이 문장을 읽고 자연스레 '왜?'라는 질문이 떠오릅니다. '인생'과 '여행'의 공통점이 무엇인지 궁금해졌기 때문입니다. "왜 인생이 여행인 거지?"라는 질문 속에서 자연스런 연상이 이어집니다.

'여행'이라는 말은 이제 '인생'과 관련을 맺으면서 특별한 단어가 되었습니다. 그리고 여행에 대한 평소 꺼내보지 못했던 생각들이 떠오릅니다. 이제 나만의 정의가 시작된 것입니다.

내가 품었던 '여행'에 대한 생각들, 또 미처 생각해 보지 못했던 '여행'의 의미들이 하나둘씩 머릿속에서 기지개를 켜고 일어납니다. '여행'이라는 말이 품고 있었던 숨은 사연을 들으러 내 의식과 무의식이 길을 떠나는 것입니다. "인생은 여행이다(A는 B

이다)."라는 말이 "왜 인생이 여행이지?"라는 질문과 함께 '여행에서 인생으로(B→A)' 거꾸로 추적하는 것입니다.

이 'B→A'의 여정이 바로 작품이 됩니다. 마치 자기가 주워온 자식임을 우연히 집안어른들의 대화를 듣다 알게 된 소년이 진짜 부모를 찾아 집을 떠나는 식입니다. 'B'가 그동안 숨겨왔던 부모 'A'의 사연을 들으러 길을 떠나는 것입니다. 예술은 어쩌면 사물의 숨은 사연을 들어주는 일인지도 모릅니다. 그렇게 사물의 본래 이름을 찾아주는 일인지도 모릅니다.

갑자기 찾아오는 어떤 느낌들이 있습니다. 어떤 자극에 촉발되어 요동치는 느낌들이 있습니다. 그러나 나는 그 어떤 느낌들의 근원을 알지 못합니다. 하루가 지나고, 이틀이 지나도 그 느낌들은 내 안에 머물며 사라지지 않습니다.

그 느낌과 더불어 어떤 사물이 떠오릅니다. 나는 이제 그 보이는 사물을 통해 느낌의 정체를 추적합니다. 사물의 사연을 들으러 길을 떠나는 것입니다.

'B에서 A에 이르는 여정(B→A)'이 작품이지만, A는 끝끝내 그 모습을 드러내지 않습니다. 이것이 바로 상징입니다. 나의 반쪽을 찾아 길을 떠났지만 그 반쪽은 끝끝내 만날 수가 없는 것입니다. 다만 나는 늘 나의 반쪽을 생각함으로써 그 반쪽과 함께할 수 있는 것입니다.

신비라는 것은 찾을 수 없을 때만이 신비가 됩니다. 그러나 그것을 찾는 사람은 이미 그 자신이 신비와 한 몸을 이룹니다.

예술, 나라는 말에는 네가 아니라는 말이 숨어 산다

찾을 수 없는 것을 찾음에 이미 그 자신이 신비와 하나가 되는 것입니다. 하지만 찾는 그 시도를 멈춘다면 그는 금세 신비에서 멀어지게 됩니다. 끝없이 질문하고 끝없이 대답하는 가운데, 나는 늘 나의 반쪽과 함께 할 수 있는 것입니다. 이것이 바로 신비의 역설입니다.

모든 작품(의 제목)에는 '인생(인간, 인간의 본성)'이라는 말이 생략되어 있다고 했습니다. 곧 '(A)=B'가 됩니다.

그러면 이제 '왜?'라는 질문과 함께 'B' 속에 담긴 그의 사연을 들으러 떠납니다. 곧 'B→A'가 됩니다.

하지만 'B'는 끝끝내 'A'를 만나지 못합니다. 그러나 'A'를 생각할 때마다 'B'는 'A'와 함께할 수 있습니다. 곧 'B=(A)'가 됩니다.

그래도 'B'는 대체 왜 '인생'이 그러한 것인지 의문이 사라지지 않습니다. 그러나 그 의문을 통해 'B'는 '인생' 앞에 특별한 존재가 됩니다. 다시 곧 '(A)=B'가 됩니다. 이제 우리 앞에 드러난 'B→A'의 여정은 모두 '삶의 진실'이 됩니다. 이렇게 다시 본래의 자리로 돌아와 있는 그대로 삶의 진실을 체험하는 일이 바로 '예술'입니다.

이제 그에게 **비유는 신통한 묘용**입니다.

사물을 통해 자기의 고통을 치유합니다. 첫 번째 묘용입니다.

사물을 통해 사물이 되어보고, 또 우주가 되어보는 자유를 경험합니다. 두 번째 묘용입니다.

사물을 통해 자신을 들여다보고, 사물을 통해 자신을 표현하며 수행을 삼습니다. 세 번째 묘용입니다.

사물의 사연을 들으며 내 안에서 타인을 발견합니다. 진정한 나를 발견합니다. 네 번째 묘용입니다.

사물과 사물 사이에 숨어 있는 은밀한 길을 발견해 전체를 만납니다. 다섯 번째 묘용입니다.

사물과 사물이 만날 때마다 태어나는 신비한 대비의 여백 속에서 그 다채로움을 즐깁니다. 사물과 사물이 나누는 빛의 대화를 듣게 됩니다. 여섯 번째 묘용입니다.

사물의 본질을 꿰뚫어 사물의 본래 이름을 찾아 줍니다. 일곱 번째 묘용입니다.

사물에 자기만의 질문을 던지며 새로운 이름을 지어줍니다. 여덟 번째 묘용입니다.

사물을 통해 보이지 않는 사물을 만납니다. 아홉 번째 묘용입니다.

사물을 통해 영원이 됩니다. 열 번째 묘용입니다. ◉

꿈,
아버지의 꿈으로
프로이트와 융을
만나다

1— 돌아가신 아버지의 외면

돌아가신 아버지가 꿈에 나타났다.

아버지의 온몸에 징그러운 벌레들이 빛을 내며 꼬물거리고 있었다. 벌레들의 유연한 몸짓, 움직임이 선명하게 눈에 들어왔다. 아버지는 아무 말씀도 하지 않으시고 고개를 돌린 채 가만히 앉아 어느 한 곳만을 응시할 뿐이었다. 아버지의 그런 모습이 서러워 나는 흐느끼기 시작했다.

어쩌다 이렇게 되신 거냐고, 그곳 생활은 어떠시냐고 여쭤보았지만, 아버지는 아무 말씀도 하지 않으시고 그저 가만히 앉아 계실 뿐이었다. 서럽게 우는 나를 향해 고개 한번 돌리지 않으시고, 끝내 외면하듯 어둠만을 응시할 뿐이었다….

이 꿈은 제가 2009년도에 꾼 꿈입니다. 2009년도에만 대여섯 번 아버지 꿈을 꾸었습니다. 2009년도는 저에게 상징적인 해이기도 합니다. 어떤 충동에 휩싸이듯 날마다 일기를 쓰며 지난 시간을 대면했습니다.〔이때의 일기는 나중에 『빛이 되는 산책』이란 산문집으로 출간하였다.】 그중에서도 가장 많은 부분을 차지한 것이 아버지 이야기였습니다. 평소 잘 꾸지 않던 아버지 꿈을 연달아 꾸었습니다.

그럼 이제 이 꿈의 사연을 한번 들어보겠습니다.

아버지는 2001년 6월 5일 화요일 저녁에 후두암으로 돌아가셨습니다. 제 생애 처음으로 하늘이 무너지는 듯한 충격을 받았습니다. 저는 그때 대학교 2학년이었고, 늦게나마 하고 싶은 일이 생겨 제대 후에 대학에 들어가 불교에 심취해 있을 때였습니다.

아버지는 9남매의 막내였습니다. 큰 키에 잘 생긴 얼굴로 학교에서 인기가 많으셨습니다. 고등학교 윤리교사를 하셨는데, 여고에 계실 때는 여학생들이 학을 천 마리씩 접어 유리병에 보내오곤 했습니다. 평소 약주를 좋아하셨고, 사람들과 어울리기를 좋아하셨습니다.

어머니는 9남매의 장녀였습니다. 아버지보다 두 살 연상이셨고, 평생 가정주부로 지내셨을 뿐 사회생활의 경험이 전무하였습니다. 저 어린 시절 몸이 많이 아프셨던지, 어머니에 대한 기억을 떠올려 보면 늘 벽을 향해 모로 누워 계신 기억이 많습니다.

부모님을 생각하면 첫 번째로 떠오르는 것이 부부싸움을 하지 않으신 겁니다. 간혹 말다툼을 하실 때도 있었지만, 저희 남매들 앞에서는 한 번도 크게 다투시는 모습을 보여주지 않으셨습니다. 그래서 저는 부부들이 모두 그렇게 사는 줄 알았습니다.

저희 집은 5남매인데, 위로 누나 둘, 형, 저, 그리고 남동생이 있습니다. 어릴 때는 참 많이도 싸웠습니다. 2칸짜리 방에서 일곱 식구가 생활했습니다. 저는 늘 공간에 대한 갈증을 느꼈고, 이불을 뒤집어쓰며 공상하기를 즐겼습니다. 어릴 때 꿈은 소설가가 되는 것이었고, 초등학교 4학년 때는 다락방에 누워 가공인물의 전기문을 쓰곤 했습니다.

돌이켜보면 고등학교 시절에 심한 우울증을 앓았던 것 같습니다. 3년 내내 책상에 엎드려 잠만 잤습니다. 밤새 친구들과 독서실에서 시간을 축내다가 학교에서는 무기력하게 잠만 잤습니다. 외모에 대한 열등감이 많았고, 예민한 성격 탓에 사람들의 작은 반응에도 크게 마음이 요동쳤습니다. 사람들을 가만히 보고 있노라면 그의 속마음이 그대로 전해지는 것만 같아 두려운 마음이 들었습니다. 깊은 허무주의에 빠져 있었고, 또 어떤 절대적인 진리를 만나고 싶었습니다.

죽음. 죽음 하면 저는 첫 번째로 떠오르는 것이 일곱 살 때 어둠 속에서 죽음을 생각하며 서럽게 울었던 기억입니다. 그날은 아버지가 학교에서 숙직을 하신 날이었는데, 무슨 일인지 새벽에 불현듯 깨어나 어둠 속에서 죽음을 생각해 보았습니다.

'내가 죽으면 어떻게 되는 거지? 이 모든 것도 다 사라지는 건

가? 사라진다는 것은 무엇이지? 아무것도 만질 수 없고, 느낄 수 없고, 생각할 수 없는 건가?'

생각이 꼬리에 꼬리를 물고 뻗어나가다 끝내 울음을 터뜨렸습니다. 놀란 어머니가 잠에서 깨어나 물으셨습니다.

"아가, 왜 그러니? 무슨 나쁜 꿈이라도 꾼 거니?"

"엄마, 죽으면 어떻게 되는 거야? 죽으면 다 사라지는 거야?"

서럽게 우는 저를 어머니가 품에 안아주시면서 말씀하셨습니다.

"엄마가 있는데 다 무슨 걱정이니….."

이 말에 저는 눈물을 그치고, 그 넓고 따뜻한 품에 안겨 단잠이 들었습니다.

아버지. '아버지' 하고 소리 내어 불러보면 저는 죄송한 마음이 듭니다. 살아생전에 좋은 모습을 한 번도 보여드리지 못하고 우울하고 무기력한 모습만 보여드린 게 너무나 죄송합니다. 살아 계셨다면 좋아하시는 술도 따라드리고 멋진 정장도 사드리고 싶은데….

지금 이 글을 써 나가면서도 아버지를 생각하면 가슴이 먹먹하고 눈물이 나오려 합니다. 그렇게 오랫동안 애도를 했지만, 쉬이 사라지지가 않습니다. 아버지 돌아가시고 근 일 년 동안은 날마다 아버지를 생각하며 혼자 눈물을 흘렸습니다. 그런데 신기하게도 2009년 일기를 쓰며 자기분석을 한 이후에는 아버지가 더는 꿈에 나타나지 않았습니다.

벌레. 벌레가 아버지의 몸에 엉겨 붙어 꼬물거리는 모습이 너무나 끔찍했습니다. 이 느낌을 연상해 보면 무력감과 자존심이라는 말이 떠오릅니다. 아버지 염을 할 때 그 차가운 시신의 감촉을 잊을 수 없습니다. 입속에 생쌀을 넣고 저승 갈 노자로 엽전 몇 닢을 입에 넣고, 그것을 무기력하게 받아들이는 죽은 아버지의 모습에 통곡했습니다.

'아, 죽음은 자기 육체에 가하는 어떤 행위에도 저항할 수 없이 인간을 무력하게 하는구나.'

저에게 죽음이 두렵고 죽음에 노여운 마음이 드는 것은 내가 나를 어쩌지 못한다는 데에 있습니다. 고깃덩어리처럼 칠성판에 드러누워 사람들이 함부로 건드리고 만져도 어쩌지 못한다는 것이 저에겐 큰 공포였습니다. 그래서 무력감과 함께 자존심이라는 말이 연상됩니다.

얼굴을 보여주지 않는 아버지, 아무런 대답이 없는 아버지, 고개를 돌린 채 어둠만을 응시하는 아버지. 꿈속인데도 아버지가 자존심 때문에 나를 외면하시는구나, 하며 더 통곡을 했습니다. 얼마나 부끄러우실까. 이런 모습을 자식에게 보여주는 게 죽을 만큼 끔찍하지만, 이미 죽은 자의 모습으로 불려나와 어쩔 수가 없으니…, 그런 생각이 들자 아버지의 무력감이 전해져 저는 더 서럽게 울었습니다.

죽음, 아버지, 벌레, 얼굴을 보여주지 않는 아버지, 아무런 대답이 없는 아버지, 고개를 돌린 채 어둠만을 응시하는 아버지. 꿈

꿈, 아버지의 꿈으로 프로이트와 융을 만나다

속의 인물과 상황이 흘러가는 서사입니다.

이 꿈의 서사와 함께 떠오른 부분을 각각 연상해 보면, '죽음'은 '할머니'를, '아버지'는 '환한 웃음'을, '벌레'는 '시체'를, '얼굴을 보여주지 않는 아버지'는 '자존심'을, '아무런 대답이 없는 아버지'는 '분노'를, '고개를 돌린 채 어둠만을 응시하는 아버지'는 '무정한 외면'을 떠오르게 합니다.

또 지금 이 글을 쓰면서 막 떠오르는 연상을 적어보면, 친할머니의 부음 소식에 관한 것입니다. 할머니는 제가 초등학교 4학년 때 돌아가셨는데, 큰아버지가 시골에서 전화로 할머니의 부음을 알리자 전화를 받으신 아버지가 하늘이 꺼진 듯 아이처럼 엉엉 우시던 모습이 떠오릅니다. 다 큰 어른이 그렇게 서럽게 우니 막상 할머니에 대한 슬픔보다는 두려운 마음이 앞섰던 기억이 납니다.

다음으로 어머니와 아버지의 관계가 연상됩니다. 별로 말이 없으신 어머니, 자기를 내세우지 않는 어머니, 반면에 끼가 많아 늘 재능을 주체하지 못하셨던 아버지…. 그 아버지를 어머니는 늘 아들처럼 달래고 감싸주셨습니다. 그런데 그건 부부로서 사랑해서가 아니라 아버지에 대한 어머니의 열등감처럼 느껴집니다.

다시 지금까지 위의 글을 쓰면서 떠오른 연상을 적어보면, 저 꿈속에서 말없이 한쪽 면을 응시하고 계셨던 아버지의 모습이 꼭 제 모습 같다는 생각이 듭니다. 돌아가신 아버지의 모습을 빌어 죽음으로 세상의 고통을 무화無化하고 싶은 마음, 그리고 죽음에 대한 분노 등 양가적인 마음이 '아버지의 꿈'을 빌어 한 바탕 춤을 추는 것은 아닌가 하는 생각이 듭니다. ⬤

꿈은 우리 무의식이 보내는 편지와 같습니다. 내 모습이지만 내가 알지 못하는 내 깊은 심연에서 무언가 나에게 진실을 전해 줍니다.

보이지 않는 나의 반쪽은 지금 이렇게 드러난 나의 반쪽에게 자꾸만 자신의 이야기를 전합니다. 내가 온전한 나로 성장하기 위해서는 결코 이 반쪽의 이야기를 외면해서는 안 됩니다. 하지만 이 보이지 않는 반쪽의 이야기는 잘 알아들을 수가 없습니다. 왜냐하면 그것은 무의식의 언어로 말하기 때문입니다.

욕망과 감정들이 표상과 언어로 표현되기 이전의 경험, 그리고 나라는 개념이 생기기 이전의 경험들은 '이름 없는 표상' '주인 없는 표상'이 되어 내 안에 또 다른 나로 살아갑니다.

언어를 배우고 도덕과 윤리를 습득한 이후에는 나에게 '금기와 억압'이라는 것이 생겼습니다. 언어와 윤리라는 의미의 관계망에 접속한 이후부터 나의 정신은 무시이래의 집단정신과도 접속합니다.

그리고 나는 내 본능에 새겨진 날것의 욕망을 타인과 연결된 관계 속에서 실현해야 합니다. '날것의 욕망'과 그것을 관계 속에서 안전하게 실현하는 '억압의 욕망'으로 이제 나의 욕망은 두 가지가 되었습니다. 이 두 가지 욕망이 싸울 때 패배한 날것의 욕망들은 그것이 해결되지 않은 채로 무의식에 남아 보이지 않는 나의 반쪽으로 살아갑니다.

또 우리가 표상과 언어를 통해 자기의 욕망을 표현한다 해도 우리의 욕망은 언어와 행위로 다 표현되지 못하고 남아 있는 부분이 있게 됩니다. 그것은 힘을 잃지 않은 채 고스란히 남아서 우리 무의식의 '잔재된 욕망'으로 살아갑니다.

그리고 우리가 세상을 살면서 겪었던 다양한 삶의 경험들은 결코 당대에 사라지지 않습니다. 그 경험들은 우리의 몸에 아로새겨져 후대로 두고두고 자신의 경험을 전합니다. 그것은 '후성유전後成遺傳'이라고 할 수 있으며, 이 또한 우리의 무의식에서 보이지 않게 살아갑니다.

언어와 윤리 이전의 욕망, 그리고 억압의 욕망에 좌절된 욕망, 또 의미의 관계망에 접속하여 집단정신과 연결된 욕망, 언어와 행위로 다 표현되지 못하고 그 남은 힘이 고스란히 잔재된 욕망, 또 선조들이 겪었던 삶의 경험이 우리 몸에 새겨져 두고두고 유전되는 욕망 등, 이러한 욕망과 경험들이 바로 우리의 무의식 세계를 이루며 살아가는 것입니다.

무의식적 욕망과 의식적 욕망은 서로 다른 입장에서 자기의 욕망을 실현합니다.

꿈, 아버지의 꿈으로 프로이트와 융을 만나다

특히 동물적 욕망인 몸의 욕망은 본능에 새겨진 대로 자기를 실현하는 **'날것의 욕망'**입니다. 개체 유지를 위한 '식욕'과 종족번식을 위한 '성욕'을 바탕으로 탐욕과 폭력, 섹스를 추구하는 동물적 욕망입니다. 굶주린 배를 채우기 위해 종일 먹을 것을 찾아다니고, 약육강식의 세계에서 살아남고자 무리를 이루며, 또 적을 만나 목숨을 건 싸움을 벌이고, 때가 되면 발정기가 찾아와 교미하고 새끼를 낳는, 동물과 하등 다를 바가 없는 욕망입니다.

이런 날것의 욕망들은 자기가 원하는 것을 끌어당기는 '탐욕'과 자기가 원하지 않는 것을 밀어내는 '분노'로 작동하여, 그 욕망이 충족되었을 때는 행복감을 느끼고 충족되지 않았을 때는 고통을 느끼며 다양한 감정의 결들을 만들어냅니다. 이러한 욕망과 감정이 한 쌍인 채로 우리는 살아가는 것입니다.

반면에 사회적 생존을 위한 **'억압의 욕망'**은 날것의 욕망을 감시하고 제한함으로써 사회적 죽음을 막습니다. 의미의 관계망에 접속하여 더는 동물이 아닌 '인간만의 고유한 욕망'을 만들어냅니다. 이 억압의 욕망을 통해 인간은 비로소 다른 동물과는 다른 인간다움을 갖게 되며, 식욕과 성욕이 목적이 아닌 인생의 의미와 가치를 물으며 자기실현이라는 성장의 목적을 갖게 되는 것입니다.

따라서 인간의 무의식적인 심연은 자기실현이라는 '성장의 욕망'이 그 바탕이 되며, 그 안에 몸의 욕망인 식욕과 성욕, 탐욕과 분노 등의 '본능적 욕망'이 자리 잡고, 다시 그것을 사회적 생존욕망인 '억압의 욕망'이 감싸 안으며 이루어집니다.

무의식의 세계는 외국어처럼 의식의 세계와 다른 언어를 쓰므로 우리 의식은 무의식의 언어를 잘 알아들을 수가 없습니다. 무의식은 때로 이해할 수 없는 충동과 실수를 만들어내며, 또 꿈을 만들어냅니다.

이 중에서 꿈은 의식과 무의식이 함께 만들어낸 이미지이자 비유입니다. 이들은 서로 다른 언어를 가졌기에 꿈은 이미지와 비유로써 자기를 드러냅니다.

먼저 꿈은 '**소망충족**'이라는 목적을 가지고 있습니다. 우리가 꿈을 꾸는 이유는 꿈의 내용들이 무엇을 충족하는 데 있습니다.

소망충족에 관해 꿈은 크게 세 가지 주제로 나눠볼 수 있습니다.

첫 번째는 우리 심연의 밑바탕을 이루고 있는 '**자기실현**'이라는 성장의 목적을 충족하는 것입니다. 이는 인류 모두에게 해당하는 보편주제로서 우리가 세상을 살아가면서 겪는 '생로병사'의 과정과 '의미 있는 삶'을 살아가고자 하는 의지와 관련된 것입니다.

예를 들어 '관혼상제'는 아이가 어른이 되어 독립적으로 행동하고 책임지는 나이임을 알리는 '성인식'과 배우자를 만나 결혼을 하고 가정을 꾸리는 '혼인식', 죽음을 맞아 산 자와 이별하고 세상과 작별하는 '장례식', 죽은 자의 넋을 기리고 추모하는 '제

사의식' 등의 통과의례입니다.

이러한 통과의례는 인류의 보편적인 원형상징으로서 꿈에 일정한 패턴을 만들어 내며 여러 가지 이미지로 표현됩니다. 이 주제의 꿈들은 인간이 자기를 실현하는 과정에서 부족한 부분과 결핍된 부분을 채우고 자기만의 고유한 능력을 확장할 수 있도록 자극합니다. 또 자기 안의 '남성성과 여성성' '개별성과 보편성' '아이와 성인으로서의 소망과 역할' 등 그 내면에 감춰진 대극對極을 합일하고, 그것들이 균형을 이루며 성장할 수 있도록 안내합니다.

두 번째는 인간이면 누구나 겪는 '**발달단계 상의 과제**'들을 드러내어 그것을 해결하고 충족하도록 하는 것입니다.

예를 들어 아이는 엄마가 때리는 꿈이나 엄마가 어디로 떠나는 꿈을 자주 꾸는데, 이것은 사회적 금기를 학습하고 엄마와 분리하여 점점 독립적으로 생활하는 발달 주제를 상징하고 있습니다. 또 사춘기 때는 높은 데서 떨어지는 꿈이나 몽정을 하는 꿈, 누군가의 살해 현장과 관련된 꿈 등을 자주 꾸는데, 이것 또한 이 시기의 발달 주제를 상징하는 것입니다.

이 두 번째 주제에 해당하는 꿈들도 첫 번째 주제의 꿈들과 마찬가지로 인류의 보편적인 원형상징에 해당하는 이미지들을 담고 있습니다.

세 번째는 '언어와 윤리 이전의 해결되지 못한 욕망과 금지하고 억압하는 욕망, 또 억압의 욕망에 제압되어 숨어 있는 욕망,

언어와 행위로 다 표현되지 못하고 그 남은 힘이 고스란히 잔재되어 있는 욕망들'을 재연하고 해소하며 그 소망을 충족하는 것입니다. 비록 그 강도의 차이는 있겠지만, 이것들은 주로 **미해결된 핵심감정**들을 주제로 다루고 있습니다.

예를 들어 소변이 마려운 채 잠이 들었다가 꿈에서 소변을 보며 시원해 하는 꿈, 성인이 자기정체성을 진지하게 탐색하는 가운데 자주 신발을 잃어버리는 꿈, 또 아버지와 섹스를 하며 희열을 느꼈으나 꿈에서 깨어나 심하게 죄책감을 불러오는 꿈 등, 그 소망이 금세 들여다보이는 강도가 낮은 꿈에서부터 도무지 그 의미하는 바가 무엇인지 알 수 없으며 또 파괴적인 충동으로 오랫동안 의식을 사로잡는 강도가 높은 꿈까지 다양한 이미지들을 변주해 냅니다.

우리는 주로 이 세 번째 주제에 해당하는 꿈을 자주 꾸는데, 이 주제의 꿈들은 심리적 증상을 만들어 내는 미해결과제, 즉 핵심감정과도 직접적으로 관련되어 있습니다. 특히 프로이트는 이 세 번째 주제에 탐착하여 모든 꿈과 증상들을 이 하나의 주제를 기준으로 분석하였습니다. 그러나 이 주제는 인간의 고유한 자기실현과 성장, 또 발달단계 상의 과제수행에 관한 주제에 비해 더 작은 하위범주에 속한다고 할 수 있습니다. 마치 손톱에 박힌 가시를 빼지 못해 모든 신경이 아픈 손가락에 있다가도, 가시를 빼고 난 이후에는 그 고통이 사라지고 또 끝내 손가락을 잊어 다시 인간 본래의 근원적인 주제에 집중하듯이 말입

꿈, 아버지의 꿈으로 프로이트와 융을 만나다

니다.

이 세 번째 주제에 해당하는 꿈들은 '소망과 금기'라는 모순된 욕망이 한 자리에서 실현됩니다. 이 모순의 타협물은 자기만의 언어인 이미지와 비유의 형식으로 소망을 드러냅니다. 특히 이미지와 비유는 시의 원리라고도 할 수 있습니다. 그것은 자신의 은밀한 속마음을 적은 일기는 감추려 해도 그 속마음을 비유로써 에둘러 표현한 시는 사람들에게 자꾸 보여주고 싶은 이치와 같은 것입니다.

꿈에서의 이미지와 비유는 '은유와 환유, 상징과 알레고리'로 구성되어 있으며, '압축과 전치'의 원리를 통해 이루어집니다. 이런 압축과 전치의 비유과정을 **'꿈작업'**이라고 합니다.

'압축'은 여러 욕망과 느낌, 이미지들 중에서 어느 한 부분만을 뽑아내 통조림처럼 하나로 압축한 것입니다. 그래서 검열하는 마음이 쉽게 알아볼 수 없도록 그 나머지 부분들을 숨기는 것입니다.

'전치'는 '원래 전하고자 하는 것'을 '다른 것'으로 변형시켜 전하는 것으로서, 중요한 것을 사소한 것으로, 사소한 것을 중요한 것으로 (반대로) 전하거나, 마치 시처럼 하나의 대상을 그것과 유사하거나 관련 있는 다른 대상으로 바꾸어 표현하는 것입니다.

또 꿈을 형성하는 중요한 요소로 꿈을 꾸도록 자극하는 한낮의 잔재, 즉 **'촉발자극'**을 들 수 있습니다. 이것은 우리 내면을 자극해 그 날 그 날 꿈을 꾸도록 하는 계기가 됩니다. 꿈에서 깨어나 꿈내용을 상기해 볼 때는 '내가 왜 이런 꿈을 꾼 거지?' 하며 꿈꾸기 전에 있었던 한낮의 촉발자극을 떠올려 보면 보다 더 쉽게 꿈을 이해하는 단서를 찾을 수 있습니다.

이렇게 꿈의 주제는 크게 3가지로 나눠볼 수 있지만, 결국 인간의 모든 꿈들은 그 첫 번째 주제인 '자기실현'이라는 성장의 목적을 완수하는 데 있습니다. ●

3— 금지된 욕망과 분열된 무의식

　꿈을 해석하는 방법은 먼저 한낮의 '촉발자극'을 더듬어 보고, 꿈을 꾼 목적인 꿈의 '소망충족'을 헤아려보는 것입니다. 그리고 소망충족에 해당하는 세 가지 주제를 대별해 그 하위 범주부터 하나씩 해결하여 위로 거슬러 올라가는 것입니다. 단계를 거쳐야 할 때도 있고 거치지 않아야 할 때도 있지만, 우리에게 표면적으로 드러나는 꿈들은 대체로 미해결된 핵심감정과 닿아 있는 경우가 많습니다.

　제가 꾼 아버지 꿈은 학교수업 중에 죽음에 관한 내용을 다룬 것이 자극되어 촉발되었습니다. "모든 것은 사라져간다. 죽음은 결코 우리에게 자비를 베풀지 않는다…."

　꿈은 그 의미를 감춘 하나의 텍스트입니다. '죽음, 아버지, 벌레, 얼굴을 보여주지 않는 아버지, 방안에 덩그러니 앉아 아무런 대답이 없는 아버지, 고개를 돌린 채 어둠만을 응시하는 아버지'로 꿈속의 장소와 시간, 인물, 사건 등이 서사로 흘러갑니다.

　이렇게 이미지와 비유의 형식으로 구성된 꿈은 그 실체에 접근하기 위해 **'연상'**이라는 방법을 사용합니다. 이 연상을 통해 사물들은 저마다 자신이 갖고 있는 고유한 사연들을 들려줍니다. '아버지, 아버지, 아버지…' 이 '아버지'에서 저의 수많은 이야기들이 감자넝쿨처럼 딸려 나옵니다.

아버지. 사랑하는 나의 아버지. 어릴 적 환한 웃음을 지으며 하늘 높이 나를 안아주시던 아버지. 살아생전 좋은 모습을 한 번도 보여주지 못해 너무나 죄송스러운 나의 아버지.

그러나 이 '너무나 죄송스러운' 아버지는 저에게 어릴 적 무서운 공포의 존재였습니다. 고등학교 윤리교사였던 탓인지, 어린 제가 감당하기에는 너무나 엄격한 기준으로 대하셨습니다.

저는 키 크고 잘생긴 아버지가 늘 자랑스럽고 멋있었지만, 매를 맞을 때는 한없이 억울했고 또 원망스러웠습니다. 초등학교 때는 그런 아버지에게 마음속으로 복수를 다짐하기도 했습니다.

잠만 자던 무기력한 고등학교 사춘기 시절은 그런 아버지에 대한 원망의 마음을 감추느라 제 내면이 탈진한 것입니다. 아버지에 대한 분노와 사랑의 감정이 그렇게 제 안에서 오랫동안 갈등하고 투쟁했던 것입니다. '너무나 죄송스러운' 아버지는 실은 '너무나 증오하는' 아버지의 '전치'입니다. 무의식 속에서 품고 있던 아버지에 대한 분노의 감정을 의식에서는 '너무나 죄송스러운 아버지'로 전치하여 그 잘못을 죄책감으로 속죄하고 있었던 것입니다.

'죽음, 아버지, 벌레, 얼굴을 보여주지 않는 아버지, 방안에 덩그러니 앉아 아무런 대답이 없는 아버지, 고개를 돌린 채 어둠만을 응시하는 아버지, 그런 모습에 한없이 서럽게 울고 있는 다 큰 어른 아이.'

이 과정을 잘 들여다보면, 이 꿈은 '죽음'이라는 하나의 단어에서 파생된 것임을 알 수 있습니다. '하나의 A〔죽음〕'에서 'A^1〔아버지〕, A^2〔벌레〕, A^3〔얼굴을 보여주지 않는 아버지〕…'로 이어지는 것입니다. 이어 '아버지'는 '어머니'를, '큰아버지'를, '할머니'를 연상시킵니다. 'A^1〔아버지〕'이 'B^1〔어머니〕, B^2〔큰아버지〕, B^3〔할머니〕…'로 이어지는 것입니다.

하나의 'A'에서 'A^1, A^2, A^3…'로 개별 사물들의 연상이 이어지고, 또 그 이어진 개별 사물 'A^1'에서 다른 개별 사물들이 'B^1, B^2, B^3…'로 이어집니다. 이러한 연상들은 마치 시처럼 사물들과 유사성을 중심으로 연상되기도 하고 연관성과 인접성을 중심으로 연상되기도 하여, 핵심감정과 닿아 있는 사물들의 사연을 하나씩 들려줍니다. 연상으로 떠오른 것은 반드시 뭔가 그 이유가 있으며, 뭔가 관련이 있기에 연상으로 떠올라 그것과 접속하는 것입니다.

'아버지는 내게 무기력한 모습을 보여주기 싫어 외면하시는구나. 자존심 때문에 끝내 대답조차 하지 않으시는구나.'

이것은 꿈내용에 대한 각각의 **'개별연상'**이 끝난 후에 이 꿈의 **'전체연상'**으로 떠오른 것입니다. 그러면 대체 저는 저 말이 없는 아버지에게서 무슨 대답을 듣고 싶었던 걸까요?

저는 아버지에게 "그래, 네가 그래도 잘 살아왔구나. 이제 너를 걱정하지 않아도 되겠구나." 하는 말을 듣고 싶었습니다. 여기서 아버지가 저를 인정하고 걱정하지 않는다는 말은 "괜찮다."는 말의 다른 표현입니다. 현실 속에서 금지된 아버지에 대한 증오는 저에게 끊임없이 죄책감을 불러왔고, 그 죄책감을 씻어내는 말이 바로 아버지에게서 "괜찮다."는 말을 듣는 것입니다. 이 말을 통해 내면의 갈등과 고통의 원인이었던 아버지에 대한 분노가 면죄부를 얻게 되는 것입니다.

'무기력한 모습을 보여주기 싫어 나를 외면하는 아버지, 자존심 때문에 끝내 대답조차 하지 않는 아버지'의 연상 뒤에는 '할머니의 죽음에 아이처럼 엉엉 울던 아버지의 모습'이 떠올랐습니다. 그리고 그 다음으로 저는 '엉엉 울던 아버지'의 연상에서 '아들처럼 아버지를 달래주고 감싸주던 어머니'가 연상되었습니다. 여기에 대한 느낌은 '어머니가 아버지를 감싸주었던 것은 어머니가 아버지를 사랑해서가 아니라 아버지보다 못 배우고 평범한 어머니의 열등감을 감추기 위한 마음이었던 건 아닌가' 하는 것입니다. 앞서 몇 개의 전체 연상 뒤에 그것과 주제가 다른 새로운 차원의 연상이 떠오른 것입니다. '아버지'라는 주제를 넘어 그 속에 숨어 있던 '어머니'라는 주제가 떠오른 것입니다.

계속해서 한 주제로 이어지는 연상들을 **'수평연상'**이라고 한다면, 그 주제를 넘어서서 다른 차원으로 질적인 전환을 한 연

꿈, 아버지의 꿈으로 프로이트와 융을 만나다

상들은 **'수직연상'**이라고 할 수 있습니다. 하나의 주제를 마치고 그 안에 숨어 있던 더 깊은 핵심주제로 임박해 들어가는 것입니다.

어머니, 어머니, 어머니…. 늘 몸이 아파 고생하시는 어머니. 우리에게 모든 것을 희생하시는 어머니. 늘 낡은 옷만 입고 한 번도 본인을 위해서는 치장해 본 적이 없는 우리 어머니….

아버지가 **금지된 욕망**을 상징한다면, **어머니**는 그보다 더 깊은 우리 **생명**의 상징이라고 할 수 있습니다.

앞서 말한 저의 일곱 살 때의 죽음에 대한 물음은 그 후 살면서 저에게 죽음에 대한 공포를 주었습니다. 이에 대해 먼저 연상되는 것은 유치원 졸업여행 때 모래사장이 꺼질까봐 해수욕장 먼발치서 혼자 앉아 있었던 기억입니다. 또래에 비해 덩치가 한참이나 컸지만, 저는 물이 무서웠고 또 모래사장이 꺼질까 두려워 물가 먼발치에서 혼자 떨어져 앉아 있었습니다. 내심 그런 행동이 부끄러웠던지 그 마음을 들킬까봐 따로 떨어져 앉은 이유를 만들어내며 딴청을 부렸던 것 같습니다.

그리고 저는 어릴 적부터 잠잘 때마다 늘 의식이 어떻게 사라지는지를 지켜보는 버릇이 있습니다. 이것 또한 죽음공포와 관련된 것으로 의식이 사라지면 제 자신이 곧 죽는 것처럼 느껴져 계속해서 의식을 깨어 있게 하려는 저만의 잠자기 전 세레모니였던 것입니다.

어머니는 우리 5남매가 태어나기 전 나팔관 한쪽을 떼어내는 수술을 하셨다고 합니다. 결혼을 하고도 몇 년 동안 아이가 없어 늘 노심초사하셨다고 합니다. 그리고 5남매를 낳으신 후에는 산후통으로 몸이 아파 늘 방 한쪽 벽을 바라보고 누워 계셨습니다. 그래서인지 아주 어린 시절을 떠올려 보면, 방에 누워 계신 어머니 곁에 혼자 장난감을 만지고 노는 외롭고 두려움에 휩싸인 어린아이의 모습이 떠오릅니다.

제 꿈은 아버지가 나온 꿈이지만, 아버지 옆에는 보이지 않는 어머니가 함께 있었습니다. 이제 말한 것에서 말하지 않은 것을 보아야 합니다.

무언가 하나를 '지나치게' 드러낸다는 것은 지금 무언가 말하기 '껄끄러운' 다른 하나를 감추고 있다는 뜻입니다. 지나치게 드러난 아버지 이야기 옆에는 말하기 껄끄러운 어머니 이야기가 숨어 있었던 것입니다. 그리고 이 어머니 문제가 바로 제 꿈의 핵심주제였던 것입니다.

아버지에 대한 원망을 감춘 사춘기 시절이 사랑과 증오의 감정을 핵심으로 한 **억압된 무의식**의 투쟁이었다면, 그보다 더 깊은 곳에서는 어머니에게서 비롯된 죽음공포가 **분열된 무의식**으로 남아 투쟁하였던 것입니다.

꿈속에서 말없이 한쪽 면을 응시하던 아버지는 실은 제 모습이었습니다. 죽은 자가 누워 있지 않고 앉아 있다는 것, 마치 참선을 하듯이 좌정하여 깨어 있다는 것, 그리고 죽음에 대한 분노의 감정 등은 죽음공포를 극복하고자 늘 의식적으로 깨어 있

꿈, 아버지의 꿈으로 프로이트와 융을 만나다

으려 한 분열된 제 무의식의 모습이었습니다.

우리는 박힌 가시를 찾지 못해 뭔가에 닿을 때마다 매번 고통을 느낍니다. 온 신경이 이 고통에 집중되지만 시간이 지나면 언제 그런 일이 있었냐는 듯 또 잊고 살아갑니다. 그러다가 다시 그것이 뭔가에 닿을 때마다 고통을 반복합니다.

저는 이 꿈을 통해 그동안 외면했던 저의 깊은 무의식과 접속할 수 있는 기회를 가졌습니다. 오랫동안 그 이유를 알 수 없던 불안의 실체들과 대면한 것입니다.

이렇게 미해결된 핵심감정들은 반복과 재연을 일삼습니다. 그것은 일정한 패턴을 띤 채 유령처럼 왔다가 유령처럼 사라집니다. 하지만 기어이 그 핵심감정을 찾아낸다면 고통과 두려움을 주던 유령은 사라지게 되는 것입니다.

세 번째 주제의 과제가 해결되자 이 꿈은 제게 **두 번째 주제**의 의미로 다가왔습니다.

아버지는 제 사춘기 시절 다른 도시로 전근을 가 자주 뵐 기회가 없었습니다. 그리고 스무 살 무렵 저는 집을 떠나 산으로 들어갔고, 그 후 곧 군대에 갔습니다. 군대를 다녀온 이후에는 집과 다른 도시에서 대학을 다니느라 아버지를 뵐 수 있는 기회가 없었습니다. 그리고 대학교 2학년 때 아버지가 돌아가신 것입니다.

아버지 돌아가시고 밤마다 서럽게 눈물로 추모했던 2, 3년의 시간들은 사춘기 시절과 그 이후 아버지가 비어 있던 시간과도 똑같이 일치합니다.

이 꿈은 어린 시절의 어머니 문제와 더불어 사춘기 시절 아버지에 대한 갈망과 부재, 그리고 어른이 되어가며 스스로 독립을 이루어야하는 부담감 등 저의 발달단계 상의 과제를 상징하는 것입니다.

그리고 두 번째 주제의 상징을 읽어내자 이 꿈은 드디어 **첫 번째 주제**인 우리 본래의 자기실현의 문제로 돌아옵니다.

아버지를 증오했던 무의식의 마음은 아버지를 증오하지 말라는 금기를 어겼기에 그 증오만큼 그것을 상쇄하는 미안해 할 줄 아는 마음을 발달시켰습니다. 그 증오를 감추느라 저는 현실에서 남들보다 더 세심하게 타인을 배려하고, 늘 작은 일에도 미안해 하고 감사할 줄 아는 마음이 생긴 것입니다. 저에게는 또 하나의 성장 기회였던 셈입니다.

한껏 보살핌을 받아야 했던 어린 시절에 어머니의 편찮음은 저에게 세상에서 언제 사라질지도 모른다는 죽음공포를 주었습니다. 엄마가 아파 보살핌을 받지 못한 이 어린 시절의 경험은 죽음공포라는 원치 않은 장애물을 주었지만, 이 죽음공포로부터 비롯된 의식의 깨어 있음, 진리의 탐구, 의미 있는 삶의 완성 등은 제 삶에서 단 한 순간도 놓치지 않고 추구해 온 강렬한 화두가 되었습니다. 장애물이 곧 성장의 큰 기반이 된 것입니다.

이렇게 꿈은, 그 비유를 읽어내는 일은 녹이 낀 쇳조각을 황금으로 부활시키는 일인 것입니다.

4— 악몽, 배설, 십자가

지금까지 저의 꿈을 통해 꿈의 목적과 주제, 꿈의 작동방식 등에 대해 살펴보았습니다.

하지만 몇 가지 의문점이 남습니다.

첫 번째로, '악몽'은 꿈의 목적인 소망충족에서 대체 어디에 해당하는 것일까요?

악몽은 우리의 잠을 방해하며, 꿈에서 깨어난 의식의 세계에서도 우리의 마음을 불편하게 합니다. 그렇다면 그것은 꿈의 목적인 소망충족을 했다고 말할 수 없습니다.

하지만 악몽은 불안이라는 욕망이 꿈이라는 옷을 입고 자기를 드러낸 것입니다. 무의식 속의 미해결과제는 그걸 해결하고자 자꾸만 반복해서 자기의 모습을 재연하는 것입니다. '불안이라는 욕망'이 불안을 불러오며 충족된 꿈, 그것이 악몽입니다. 그것은 미해결된 과제를 해결하고자 재연된 것입니다.

마치 '병病'이라는 것이 우리를 괴롭게 하려고 하는 것이 아니라, 지금 네 몸과 마음의 균형이 깨져 있다는 비상 신호이듯이 말입니다. 몸과 마음의 최선의 노력이 지금 병이라는 과정을 통해 그 균형을 맞추고 있는 것입니다. 그렇다면 우리는 어느 한 쪽으로 기울어진 무게중심을 찾아내어, 강한 부분은 줄여주고 소외되고 부족한 부분은 찾아내 이끌어 주어야 합니다.

두 번째로, 꿈은 우리 내면의 갈등을 해소하는 자연스런 심리 프로세스의 결과물로 그때그때의 '**배설물**'이라고 할 수 있는데, 과연 모든 꿈을 주목하고 분석할 필요가 있는가? 하는 문제입니다.

꿈은 현실에서 해결할 수 없는 우리의 금지된 욕망이나 상처를 배설함으로써 그것을 해소하는 데 의의가 있습니다. 꿈은 무의식과 의식의 타협물이자 하나의 비유로서 모순된 두 욕망이 함께 실현된 것입니다. 하지만 꿈은 미해결된 감정을 재연하고 해소하는 세 번째 주제 외에도, 발달단계 상의 과제해결과 고유한 자기능력을 실현하는 보다 더 근원적인 성장의 주제가 담겨 있습니다.

따라서 계속해서 반복되는 꿈이나 강한 여운을 남기는 꿈들은 '배설'이라는 기능을 떠나 그 안에 미해결과제와 더불어 발달단계, 그리고 성장의 주제와 관련된 다양한 메시지가 숨어 있는 것입니다. 그것을 찾아내 밝히는 작업은 충분히 의미 있는 일이라 할 수 있습니다.

세 번째로, 꿈속에서의 어떤 사물이나 상황이 인류의 '**보편상징**'이 될 수 있는가? 하는 문제입니다.

가령 '십자가' 문양은 기독교 이전부터 고대 인류가 상징적으

꿈, 아버지의 꿈으로 프로이트와 융을 만나다

로 사용해 왔던 이미지입니다. 고대 바빌로니아나 이집트, 그리스, 페르시아, 인도, 중앙아메리카 등까지 넓은 지역에서 그 흔적을 발견할 수 있습니다. 그렇다면 이 십자가 문양은 인류에게 있어 무엇을 상징하는 것이며, 또 이것을 과연 보편상징이라고 말할 수 있는 걸까요?

십자가는 살아 있는 제물을 신에게 바치는 고대의 희생 제의에서 비롯된 것으로 십자가의 틀에 사람을 바침으로써 신에게 죄의 대속을 빌고 대속을 통해 개인과 집단의 안위를 보장받는 상징물이었습니다. 그것이 예수의 죽음 이후에는 기독교 신자들에게 죄를 대속 받는 인류 구원의 상징물이 되었으며, 죽음과 지옥을 극복하는 영생의 상징물이 된 것입니다.

만약 꿈속에서 십자가가 나왔다면, 그 십자가는 꿈 꾼 이 모두에게 구원과 영생의 상징물이 되는 것이 아니라, 꿈 꾼 이의 종교나 국가, 문화, 신념 등 개인의 상황에 따라 저마다 다르게 해석되어야 합니다.

즉 특정한 하나의 사물이 인류의 보편상징이 되는 것이 아니라, 꿈 꾼 이에 따라 사물은 저마다 다른 상징으로 다가온다는 것입니다.

그러나 생로병사라는 과정을 거치며 자기실현이라는 성장의 주제를 완성해 나가는 인간에게는 모든 꿈들이 인류 누구나 경험하고 해결해야 할 보편주제의 상징으로도 해석할 수 있을 것입니다. 🌑

증상,
  목 잘린 인형들의
외침

1— 두꺼비가 내는 문제

두껍아, 두껍아.
헌집 줄게, 새집 다오!
두껍아, 두껍아.
헌집 줄게, 새집 다오!…

어린 시절, 한 손은 흙바닥에 놓고 다른 한 손은 그 한 손 위에 모래흙을 덮으며 불렀던 노래입니다. 손을 빼냈을 때 만들어지는 모래성이 부서지지 않도록 다른 한 손으로 손등의 모래흙을 신나게 두드렸던 기억이 납니다. 노래를 끝내고 잽싸게 손을 빼내면, 거기에는 시커먼 구멍으로 두꺼비집이 생겼습니다. 그 시커먼 구멍 안에 곧 두꺼비가 들어와 살 거라고 믿었습니다. 그리고 동무와 누구 집이 더 큰지 내기를 하곤 했습니다.

두꺼비에게 헌집을 주고 새집을 달라는 이 주술 같은 노래는 아이들이 '**날 것의 헌 욕망**'을 '**사회적 요구에 맞는 새 욕망**'으로 **승화**시켜나가는 것을 반영한 동요입니다.

아이들은 직관적으로 인간의 보편적인 발달과제를 완수해 나갑니다. 이가 나오면서 조금씩 이유식을 시작하고, 기어 다니면서 엄마와 분리해 보는 연습을 하며, 걸음마를 배운 후에는 보다 더 넓은 세상과 접촉해 나갑니다. 그리고 막무가내로 떼를 쓰며 졸라대는 일이 더는 통하지 않는다는 것을 알게 된 아이들은 이제 자신의 헌 욕망을 새 욕망으로 바꾸며 새롭게 세상에 적응해 가는 것입니다.

그렇다면 아이들은 왜 지금 두꺼비 집을 만들어주면서도 반대로 헌 집이라고 말하며 새 집을 달라고 노래하는 걸까요? 그리고 대체 새 집은 어디에 있는 걸까요?

아이들의 놀이를 잘 관찰해 보면 그 이유를 알 수 있습니다.

가볍게 모은 왼손등 위에 두껍게 흙을 얹습니다. 행여 무너질까 여러 번 세차게 오른손으로 흙을 두드려 댑니다. 그리고 노래를 부르며 조심스럽게 손을 빼내면 거기 손이 있던 곳에는 빈 공간이 생깁니다.

빼낸 이 모은 손을 잘 살펴보면 꼭 두꺼비를 닮았습니다. 왼손은 두꺼비를 상징하는 것으로 '주체의 대리물'입니다. 그 위에 얹은 모래흙은 앞으로 두꺼비가 살아가야 할 표상과 언어 등 인간의 고유한 재료들이며, 오른손은 그것을 단단하게 다지는 도덕과 금기를 상징합니다. 그런데 아이라는 주체는 그 대리물인 두꺼비를 빼내고 표상과 언어라는 집을 나와 두꺼비에게 새로운 집을 달라고 노래합니다. 표상과 언어를 헌집으로 만들어놓고, 표상과 언어를 넘어서는 새로운 집, 즉 승화된 언어를 달라고 노래하는 것입니다.

　사물과 현상을 대신한 표상과 언어는 하나의 비유입니다. 아이들은 말을 배우고, 앞말잇기나 끝말잇기를 통해 언어를 자유롭게 구사할 수 있는 연습을 합니다. 그것은 자신의 욕망과 감정을 표상과 언어로 대신해 표현하는 비유연습이기도 합니다. 그리고 도덕과 금기를 습득한 이후에는 자신의 욕망을 날것 그대로 표현하는 것이 아니라, 도덕과 금기가 요구하는 새 욕망으로 함께 실현할 수 있도록 새로운 비유의 언어를 배우는 것입니다.

　　원숭이 엉덩이는 빨개, 빨가면 사과, 사과는 맛있어, 맛있으면 바나나, 바나나는 길어, 길면 기차, 기차는 빨라, 빠르면 비행기, 비행기는 높아, 높으면 백두산, 백두산은 뾰족해, 뾰족하면 가시, 가시는 무성해, 무성하면 소나무.

　위와 같은 연상놀이는 비유의 언어로서, 아이들의 욕망과 감정을 에둘러 표현한 것입니다.

　성차를 인지하고 미묘한 성적 흥분을 느끼게 된 아이들은 그것을 날것 그대로 표현하는 일이 사회적으로 더는 용납될 수 없는 것임을 직관적으로 알고 있습니다. 아이들은 자신이 느끼는 이 미묘한 흥분을 위와 같은 교묘한 비유로써 에둘러 표현합니다. 마치 외국에서 쓰던 화폐를 본국에 돌아와서는 환전을 해

쓰듯이, 무의식에서 쓰는 화폐를 의식의 세계에서 쓰는 화폐로 바꾸어 쓰는 것입니다.

성차를 인지한 아이들에게 원숭이의 빨간 엉덩이는 야릇한 기분을 느끼게 하고, 그리고 그 빨간 엉덩이는 곧 사과를 연상시킵니다. 사과는 강렬한 붉은 색과 동시에 시큼하고 달콤한 맛을, 그 맛은 당시에 귀했던 열대과일인 맛난 바나나를, 또 바나나는 원숭이 엉덩이 근처에서 보았던 긴 성기를, 긴 성기는 언젠가 우연히 보았던 기차가 들어가는 듯한 성교의 장면을, 기차의 빠름은 점점 성적 흥분을 고조시키며 야릇함의 극치인 하늘 높은 비행기를, 비행기의 높음은 오르고 싶어도 북에 있어 오를 수 없는 금기대상인 장대한 백두산을, 백두산의 뾰족한 산봉우리는 찔리면 고통을 주는 가시를, 접근할 수 없는 무성한 가시는 뾰족한 이파리를 몸에 두른 소나무를 연상시킵니다. 이렇게 비유의 언어로써 아이들은 자신의 욕망과 감정을 매만지며 그 것을 금지하는 사회적 욕망도 함께 충족시켜 나가는 것입니다.

아이들은 이제 사물과 현상 너머에 숨어 있는 것들을 추상하며 상징의 능력을 키웁니다. 'ㅅ, ㄹ, ㅎ(사랑해)'가 무엇인지 'ㅎ, ㅂ, ㅎ(행복해)'가 무엇인지 단어를 알아맞히는 초성놀이부터, 아예 답을 감추고 질문을 이어가며 알아맞히는 스무고개 놀이와 수수께끼 놀이 등을 즐기는 것입니다.

사물과 현상을 대신한 **'표상 언어'**는 그 지시대상을 다른 것으로 대체할 수 있는 **'비유 언어'**로 발전하며, 또 사물 이면에 숨어 있는 것을 유추해 표현할 수 있는 **'상징 언어'**로 발전합니다.

이제 아이들은 언어의 그물로 세상을 포착하고 자신의 감정과 욕망을 표현하며 나름의 고유한 내면세계를 만들어갑니다. 아이들은 이 세상을 경험하며 보편성과 객관성을 배우고, 또 고유한 자신의 경험을 통해 유일무이한 자신만의 심리적 현실을 만들어가는 것입니다.

심리적 현실은 언어표상으로 구성된 자기만의 고유한 세계이므로 '환상'이라고 말할 수 있습니다. 이 환상의 세계는 그만의 일정한 규칙과 질서를 통해 유지되며, 우리는 저마다 다른 근본환상을 가지고 이 환상의 질서에 따라 살아갑니다. 그리고 이 환상은 나와 타자의 욕망을 함께 실현하는 하나의 비유로서 이제 우리는 이 숨겨진 비유의 의미를 찾아내야 하는 것입니다.

저 어두컴컴한 구멍에서 나와 멀뚱히 그 텅 빈 어둠을 응시하고 있는 두꺼비의 새로운 문제를 풀어야 하는 것입니다. ✿

증상, 목 잘린 인형들의 외침

　인간의 심리적 현실을 이루는 고유한 근본환상은 일정한 주제를 가지고 나름의 규칙과 질서에 따라 유지됩니다. 이 근본환상은 인간의 사고와 행동, 패턴을 만들어냅니다. 그것은 곧 근본환상의 욕망이며, 그 욕망의 실현이며, 욕망의 실현을 통한 환상의 자기 확인입니다. 그 힘으로 환상은 욕망과 함께 우리의 심리적 현실을 만들어내며 끝없이 순환하는 것입니다.

　두꺼비라는 무의식의 주체가 살아가기 위해서는 자기 경험을 담지할 수 있는 표상과 언어라는 재료가 필요합니다. 이 표상과 언어는 금기와 도덕을 만나 새로운 표상과 언어로 전환되며, 헌 욕망과 새 욕망을 함께 실현할 수 있는 비유의 언어를 학습합니다.

　불교에서는 '**종자식種子識**'이라는 이름으로 표상과 언어를 설명합니다. '종자식'은 '씨앗과 같은 마음'이라는 뜻으로 의식과 무의식 모두를 아우르는 말입니다.

　씨앗은 개체 고유의 잠재력을 가지고 있으며, 환경에 따라 꽃 피울 수도 죽을 수도 있고, 또 씨앗 자체로 남아 있을 수도 있습니다. 그것은 또 굽은 나무가 될 수도 있고, 바로 선 나무가 될 수도 있으며, 다른 나무와 접붙여 새로운 종자를 만들어 낼 수도 있습니다.

우리 마음은 크게 '표상'과 '언어 이전·이후'로 나눠볼 수 있습니다.

'의식'은 '표상과 언어'를 습득하고 그것을 부릴 수 있는 '자아'가 생겨 '기억'을 바탕으로 '일관성과 연속성'을 유지하는 마음입니다.

'무의식'은 의식에 포착되지 않는 마음으로 '이름 없는 표상'과 '주인 없는 표상', '금지된 표상'이라고 할 수 있습니다.

의식과 무의식은 크게 여덟 가지로 구분할 수 있는데, 첫 번째는 표상과 언어 이전, 두 번째는 표상과 언어 이후, 세 번째는 표상과 언어 이후 유일무이한 자아의 탄생, 네 번째는 욕망에 대한 금기와 억압, 다섯 번째는 표상과 언어로 표현되지 못한 잔재, 여섯 번째는 상상과 추리를 바탕으로 한 내면에서의 표상과 언어의 파생, 일곱 번째는 자전거를 타는 것처럼 어떤 일이 숙달되어 더 이상 의식하지 않고도 자동 실행되는 학습능력, 여덟 번째는 조상에게 물려받은 경험의 유전 등을 꼽을 수 있습니다.

이 의식과 무의식의 마음은 씨앗의 형태인 종자로 이루어져 있으며, 이 종자는 종자가 종자를 낳는 **'종자생종자種子生種子'**, 종자가 발현되어 생각과 행동을 만드는 **'종자생현행種子生現行'**,

그리고 삶의 경험을 다시 종자로 남기고 또 그 경험이 기존의 종자에 영향력을 끼치는 '현행훈종자現行熏種子'로 구분할 수 있습니다. 이렇게 우리 마음은 이 세상의 경험을 하나도 빠짐없이 종자로 남겨 저장하는 것입니다.

우리 마음에 있는 이 갖가지 종자가 자기의 본래 힘을 실현하고자 하는 것을 '욕망'이라고 할 수 있습니다. 그리고 의식에 포착되는 종자의 발현을 '의식적 욕망'이라고 한다면, 의식에 포착되지 않은 종자의 발현은 '무의식적 욕망'이라고 할 수 있습니다. 이 무의식적 욕망을 다스리는 것이 우리의 과제이며, 불교는 이 낱낱의 욕망을 모두 의식으로 통합할 수 없으므로, '제행무상과 제법무아, 일체개고, 열반적정(諸行無常, 諸法無我, 一切皆苦, 涅槃寂靜)'이라는 세상의 진리를 확철해 기존의 마음을 진리의 마음으로 전환하는 '전식득지轉識得智'를 목표로 삼았습니다. 그래서 불교에서는 꿈 분석이나 무의식 분석 등에 관심을 갖지 않았던 것입니다.

우리가 해결해야 할 마음 주제는 크게 세 가지로 나누어 볼 수 있습니다. 첫 번째는 반복해서 출현해 고통을 주는 미해결된 핵심감정의 해결이고, 두 번째는 인류 보편의 발달단계 상의 과제를 수행하는 일이며, 세 번째는 저마다 잠재된 자기의 고유한 능력을 실현하는 일입니다. 그리고 이 세 가지 주제 모두를 해결하는 방법은 우리 마음의 진실을 찾아내 '전식득지'하는 것이며, 그러기 위해서는 우리 마음이 갖가지 종자식으로 구성된 심리적 현실로서 그것이 환상임을 자각하는 것입니다.

우리에게 고통을 주는 '증상'은 심리적 현실을 이루는 환상의 질서가 깨진 것입니다. 어떤 촉발자극으로 인해 활성화된 무의식이 기존 의식과의 힘의 균형을 깨고 **유령**처럼 출몰한 것입니다. 이에 우리 마음은 새로운 질서를 요구하는 이 유령을 두고 비상경고음을 내는 것입니다.

이제 이 유령이라는 깨진 징검다리, 빠져버린 징검다리를 찾아내야 합니다.

"원숭이 엉덩이는 소나무"

이 문장은 우리에게 기괴하게 들립니다. 쉽게 연상의 연을 날릴 수가 없습니다. 그 사이에 "원숭이 엉덩이는 빨개, 빨가면 사과, …무성하면 소나무"라는 문장이 생략되어 있기 때문입니다. 그렇다면 '원숭이 엉덩이에서 소나무'에 이르기까지 그것에 닿을 수 있도록 빠짐없이 징검다리를 놓아주어야 합니다.

'원숭이 엉덩이' 속에 '소나무'가 들어 있지만, '빨간 사과'와 '맛있는 바나나'가 그 사이에 놓여 있지 않는다면 이 둘은 결코 만날 수가 없습니다. '원숭이 엉덩이'와 '사과' 사이에는 '빨강'이 흐르고, '사과'와 '바나나' 사이에는 '맛'이 흐릅니다. 이렇게 그 사이에 있는 보이지 않는 힘이 '원숭이 엉덩이'와 '사과'를, 또 '사과'와 '바나나'를 연결해 붙잡아 주는 것입니다.

하지만 '소나무'에 이르러도 그 '소나무'는 결코 '원숭이 엉덩이'에 대한 해답이 될 수 없습니다. 왜냐하면 연상의 징검다리

증상, 목 잘린 인형들의 외침

는 그것을 단계적으로 넘음으로써 핵심주제를 고조시키고 체험하는 것이지, 그 징검다리의 끝 돌이 연상의 해답이라고 할 수는 없기 때문입니다.

연상은 종자로 저장된 자신의 감정을 표현하는 일이자 억압된 기억과 환상에 접속하는 일입니다. 자신의 또 다른 부분인 무의식적인 욕망을 재연하며 무의식의 밑그림을 그려보는 일입니다. 그렇게 내면에 있는 사물의 사연을 들으며 그 사물 안으로 깊숙이 들어가는 방법입니다.

그는 그가 닿고자 하는 곳에 이르기 위해 그 사이에 건너 뛸 수 있을 만큼의 징검다리를 놓으며 이야기를 만들어갑니다. 그것은 직선으로 이어지는 것이 아니라 나선으로 이어지는 것이므로 연상된 사물 주변을 천천히 에두르며 하나씩 앞으로 나아갑니다.

그러나 그는 그 끝 돌에 이르러도 결코 원하는 것을 만날 수가 없습니다. 왜냐하면 징검다리를 놓으며 건넜던 그 여정 전체가 바로 그가 만나고자 했던 '그것'이기 때문입니다. 마치 양파 알맹이를 찾는다며 양파 껍질을 다 벗겨내도 끝내 그 양파 알맹이를 찾을 수 없는 것과 같습니다.

양파 알맹이는 실은 양파 껍질 전체였습니다. 따로 알맹이가 있는 것이 아니라 양파 껍질 전체가 바로 알맹이였던 것입니다. 이와 같은 이치를 알아차릴 때, 그가 건넜던 징검다리는 모두 그가 처음 만나고자 했던 그것으로 실체를 드러냅니다. 그 여정 전체가 바로 깨져 있는 징검다리, 빠져 있는 징검다리였던 것입니다.

"안년하세요."라는 문장에서 우리는 '년'자가 틀린 것을 알 수 있습니다. 우리가 틀린 글자를 찾아낼 수 있는 것은 '년'자 주변에 있는 "안○하세요."라는 문장이 있기 때문입니다. 우리는 수많은 연상을 이어가며 간신히 "안년하세요."라는 문장을 만들 수 있습니다. 그리고 그 문장을 통해 그간 우리의 질서를 깨프리고 꼬이게 한 '년'이라는 글자를 찾아낼 수 있는 것입니다.

만약 '년'이라는 글자가 개별적으로 쓰였다면, 우리는 그것이 깨진 징검다리인지 알 수 없습니다. 오직 그것이 "안년하세요."라는 문장이 되었을 때만 그 실체를 알 수 있는 것입니다.

'년'이라는 틀린 글자를 찾아 "안년하세요."를 본래의 **"안녕하세요."**로 바꾸어주는 일이 바로 증상을 치유하는 일입니다.

우리의 깊은 무의식에 숨어 나도 모르게 나를 조종하고 내 리듬을 깨프렸던 "안년하세요."라는 핵심감정을 "안녕하세요."로 바로잡아주는 일이 바로 증상을 치유하는 방법입니다. 🌀

3 — 깨져 있는 질문, 입이 돌아간 두 여자

입이 돌아간 두 여자가 있습니다. 그녀들은 고통을 호소합니다. 대학병원에서 CT촬영을 해보아도, MRI를 찍어보아도 그 이유를 알 수가 없습니다. 용하다는 한의원에 가서 한약을 먹어보고 침을 맞아보아도 돌아간 입은 제자리로 돌아오지 않습니다.

이것은 무의식이 만들어낸 증상입니다. 흔히 '심인성心因性'이라고 하는 마음의 병이 원인이 된 것입니다.

A는 50대 초반 여성으로 시골에서 초등학교를 마치고 서울에 올라와 공단에서 일을 하다, 20살 무렵 한 남자를 만나 결혼했습니다. 버스기사인 남편과 직장에 다니는 딸, 대학에 다니는 아들 하나를 두고 간간히 식당 아르바이트도 하며 부족하지만 나름 행복한 가정생활을 했습니다.

그녀에게 불행이 찾아온 것은 남편의 외도 이후입니다. 아무리 달래고 얼러 보아도 남편은 그때만 미안하다고 할 뿐, 변함없이 내연녀를 만나곤 했습니다. 어느 날 몰래 남편 휴대폰을 보다 휴대폰에 찍힌 남편과 그의 애인 사진을 발견했습니다. 개나리꽃을 배경으로 환하게 웃고 있는 두 남녀를 보며, 그녀는 억장이 무너져 내리는 듯했습니다.

그녀는 본래 별 말수가 없고 성품이 온순하며 순종적인 사람입니다. 아무에게도 그 사진 얘기를 하진 않았지만, 그 이후부터 그녀에게는 사진 한 장이 온통 마음속에서 떠나지 않았습니다. 그러던 어느 날 아침, 잠에서 깨어나 거울을 보니 입이 한쪽으로 심하게 비틀려 있었습니다.

B는 40대 후반 여성으로 서울 근교의 한 도시에서 대학교수로 일하고 있습니다. 대기업 금융회사의 간부를 하는 남편과 중학생 딸 하나가 있습니다.

그녀는 지난 학기부터 대학원 박사과정인 40대 초반 남자와 사귀고 있습니다. 어려운 환경에서 자라 서른 무렵 늦은 나이에 대학을 마치고 직장생활과 학업을 병행하는 미혼 남성입니다.

그녀는 대학의 구조조정으로 인한 결원으로 지난 학기에 무려 3학점짜리 수업 6개를 맡았습니다. 주간과 야간으로 병행되는 강의 탓에 몸과 마음이 무척 힘이 들었습니다. 그러다 우연히 같은 학교에 다니는 만학의 박사과정생을 알게 됐고, 곧 연인관계가 되었습니다. 남편과 딸에게는 야간 수업을 핑계로 저녁마다 그의 자취방에 머무는 시간이 많아졌습니다.

그러던 어느 날 야간 강의를 하는 중에 마이크가 픽 소리를 내며 꺼져버렸습니다. 그녀는 마이크 없이 남은 강의를 마쳤고, 그날은 집에 일찍 돌아와 쉬었습니다. 그리고 다음날 아침 거울

증상. 목 잘린 인형들의 외침

을 보다 입이 심하게 비틀려 있는 자신을 발견했습니다.

증상은 하나의 비유입니다. 꿈처럼 의식과 무의식의 욕망이 함께 실현된 비유입니다. 어떤 욕망의 힘들이 그 균형을 잃고 유령처럼 출몰한 깨져 있는 비유물입니다.

스무고개란 놀이가 있습니다. 단어나 그림을 정해 놓고 스무 번의 질문을 통해 그 답을 찾아 맞추는 놀이입니다. 술래가 질문을 던질 때마다 문제를 낸 사람은 "예"와 "아니요"로 대답합니다. 술래는 이 "예"와 "아니요"를 표지 삼아 추리와 상상을 동원해 답을 찾아갑니다.

이것은 증상을 해결하는 방법과도 비슷합니다.

답을 찾고자 하는 술래의 욕망은 "예"와 "아니요"로 표지해 주는 문제 낸 이의 욕망과 함께 흘러갑니다. 문제 낸 이는 술래를 방해하는 것이 아니라 술래와 함께 그 해답을 찾아 흘러갑니다.

여기서 "아니요"라는 금지는 욕망의 방향을 안내합니다. 금기가 욕망을 불러일으키는 것이 아니라, 금기를 통해 그 금기에 제한받지 않는 욕망들이 방향을 찾고 또 활성화되기 때문입니다. 억눌려 있던 욕망들이 명확하게 제시되는 '금기 표지'를 통해 힘을 얻는 것입니다. 금기로부터 일어난 욕망들이 힘을 얻으면, 그 금기된 욕망은 마치 인파 속으로 몸을 숨기며 사라지는 범인처럼 힘을 얻은 세력에 편승하는 것입니다. 그것은 자신이 금기를 표지하며 금기된 자신의 욕망을 표출해 나가는 것입니다.

무수한 연상으로 떠오르는 단어나 사물들은 "예"와 "아니요"를 통해 하나씩 징검다리를 놓아 갑니다. 징검다리가 놓여질수록 욕망은 연상으로 몸을 빌어 자신의 욕망을 충족해 나갑니다. 연상으로 표현하는 일이 곧 욕망의 실현이기 때문입니다.

그러나 그 해답에 도달해도 욕망은 멈추질 않습니다. 스무고개 여정 전체가 욕망의 욕망 대상임을 알아차리지 못하는 한 욕망은 그 열기가 사라지지 않는 것입니다.

욕망이 만들어 낸 여정 전체가 내 의식 속에 숨어서 스무고개를 만들어 낸 놈입니다. 그토록 떨치고 싶었던 증상을 만들어 낸 놈입니다. 이제 그 유령을 찾아낸 것입니다.

무수한 연상을 거쳐 A라는 여성이 만난 유령의 정체는 "더 이상 나를 초라하게 하지 말고 나를 사랑해 줘!"였습니다. **A라는 여성의 뒤틀린 입**은 "제발 나 좀 봐줘!" 하는 무의식의 외침이었던 것입니다.

A는 스무 살 무렵 공단 미팅에서 만난 건장한 남자를 사랑하게 되었습니다. 그들은 때때로 교외에 나가 나들이를 하며 데이트를 즐겼습니다. 활짝 핀 꽃 무더기 앞에서 남자가 말했습니다.

"자기는 웃는 모습이 참 예뻐!"

그 예쁜 입술을 곁에 두고 이제 남자는 다른 여자와 사랑을 나눕니다. 여자는 그런 남자에게 사랑을 갈구하는 일이 무척이나 자존심 상하고 비참합니다. 소심한 그녀가 비참해지지 않고 자기의 자존심도 지키면서 사랑을 요구하는 일이란 바로 자기의 입을 돌아가게 하는 것이었습니다.

증상은 의식적으로는 고통을 호소하지만, 무의식적으로는 자기의 욕망을 뿜어내며 쉽사리 그 증상을 내려놓지 않습니다. 어쩌면 무의식은 그 증상을 즐기는 것인지도 모릅니다. 이렇게 의식과 무의식의 욕망이 함께 실현된 타협물이 바로 증상인 것입니다.

A는 자기를 비참하게 만드는 남편과 얼마 후 이혼하고 지금은 딸과 아들과 함께 살고 있습니다. 그리고 이제는 남편의 욕망 대상으로서 그 욕망을 갈구하는 입이 아니라, 자기 스스로 자기를 인정하고 아끼는 예쁜 입이 되어 본래의 자리로 돌아왔습니다. 유령이 사라진 자리에는 이제 그만큼의 황금이 놓여 있습니다.

B가 만난 유령은 "너 같은 년은 벌을 받아도 싸!"였습니다. **B의 비틀어진 입**은 자신의 죄책감을 속죄하는 일이었습니다.

B는 일용직을 하는 아버지와 병원 청소 일을 하는 어머니 슬하에서 어렵게 공부를 이어갔습니다. 순수하게 공부하기를 좋아했던 B는 "공부는 해서 뭐하니. 빨리 취직해서 집안에 생활비나 보태라."라는 말을 들으며 늘 마음 졸여야 했습니다. 좋아하는 공부를 위해 대학원에 갔지만, 이것이 과연 어려운 가정형편의 내가 해도 괜찮은 건지, 부모님의 취직하라는 말과 함께 늘

마음속에서 맴돌았습니다.

사랑하는 남자와 사귀고 있었지만, 자신의 공부를 지원해 줄 남자를 찾아 몰래 선을 보다 한 준수한 남자를 만나 결혼했습니다. 남자는 집안도 경제적으로 여유로웠고, 마음 씀씀이도 넓은 사람이었습니다. 남자는 아낌없이 그의 학업을 지지해 줬고 그가 교수가 될 수 있도록 물심양면으로 많은 도움을 주었습니다.

B는 우연히 고학의 대학원생을 만나면서 꼭 자신의 과거 모습을 보는 듯했습니다. 어려운 조건에서도 순수하게 학문의 열정을 이어가는 그를 통해 자신의 과거모습과 조우했습니다. 그리고 자신이 못 다한 그 순수한 열정을 고학생을 통해 대리만족 했습니다. 고학생을 만나는 시간은 과거 부모님이 뱉어낸 말의 상처를 씻어내는 자기만의 애도의식이기도 했습니다.

그러던 어느 날 수업 중 마이크가 꺼진 사건 이후에 그녀의 입이 돌아가게 되었습니다. 교수인 B에게 '말'은 가장 큰 권력이자 가장 큰 욕망입니다. 자신의 조건에서 가장 최고로 오를 수 있는 자리가 바로 교수라는 자리이고, 그 욕망을 실현하고 유지할 수 있게 하는 것이 바로 '말'이기 때문입니다.

그녀의 무의식은 고학생과 관계가 지속되며 죄책감이 고조되자, 그에 걸맞는 최고의 벌로서 '뒤틀린 입'을 선택한 것입니다. B는 입을 비틀어 스스로에게 고통을 주며, 자신의 죄책감을 씻고자 한 것입니다. 나를 아낌없이 지원해 준 고마운 남편에게 뒤틀린 입은 "너 같은 년은 벌을 받아도 싸!" 하며 속죄하는 일이었던 것입니다.

그녀는 고학생과 헤어지고도 쉽게 입이 돌아오지 않았습니다. 지금은 틈틈이 동네 근처의 공부방에서 소외된 아이들을 위해 방과 후 수업도 하며 봉사활동을 하고 있습니다. 그것은 학문에 대한 자신의 순수한 열정을 지켜주는 입이 되는 것이며, 또한 존경하는 남편에게 진심으로 참회하는 일이기도 합니다.

무의식의 미해결과제는 반드시 돌아와 그것을 재연합니다. 그것은 일정한 **패턴**을 가지고 **반복**되며, 거기에는 응어리가 풀리지 않은 **핵심감정**이 담겨 있습니다. 그것은 진물이 흐르는 내면의 종기이며, 빨갛게 곪은 욕망입니다.

하지만 그것은 쉽사리 그 모습을 드러내지 않습니다. 연상을 통해 자신의 조각그림을 조금씩만 의식 밖으로 보여줄 뿐입니다.

수없이 펼쳐지는 연상의 조각그림들은 우리 무의식이 술래에게 문제를 내는 것과 같습니다. 그 조각그림들을 이어붙이며 거대한 질문으로 완성하는 일이 바로 숨겨진 의미를 찾아내는 방법입니다.

이 깨져 있는 질문은 그동안 우리가 차마 하지 못했던 마음입니다. 차마 하지 못했던 이 무의식의 한을 들어주는 것은 고장난 시계처럼 고통을 반복하는 악순환적인 재연이 아니라, 그간 숨겨두었던 자신의 감정과 욕망들을 재경험하고 새롭게 통합하는 작업입니다.

그렇게 자기개념을 확장하고 재조직하는 성장의 시간이 되는 것입니다.

4— 황금의 시간

증상은 하나의 거울입니다.

우리는 세상 모든 것을 다 보아도 스스로 자기를 볼 수 없는 목 잘린 인형과 같습니다.

이 목 잘린 인형의 팔다리는 거울을 통해 비로소 나라는 그림으로 전체가 되며 제 얼굴을 얻습니다.

의미 없이 지나치던 세상의 조각그림들은 이 나라는 그림 이후에 내 경험의 일부로 내 안에 머물게 됩니다.

거울에 비친 자신의 그림자를 발견한 아이처럼 이제 나는 나와 대화를 나누며 세상을 이야기할 수 있는 것입니다.

'이름 없는 표상'과 '주인 없는 표상'들은 '언어'와 '나'를 통해 조금씩 제 얼굴의 일부를 복원합니다.

그리고 도덕과 윤리라는 '금지된 표상'을 통해 나는 세계의 질서 속으로 확장됩니다.

인류가 존재하는 한 절대적인 두 가지 표상이 있습니다.

바로 어머니와 아버지입니다.

어두운 자궁과 산도를 나와 빛의 세상에 처음 출현한 나를 사랑과 믿음으로 길러준 어머니와 아버지라는 표상입니다.

어머니는 나를 잉태하고 길러준 **'생명과 사랑, 안전과 신뢰'** **의 표상**이 되며, **아버지**는 나를 혼란과 무지에서 벗어나게 해 준 **'질서와 지혜, 권위와 금기'의 표상**이 됩니다.〔여기서 어머니와 아버지 표상은 꼭 생물학적인 부모만을 뜻하는 것은 아니다.〕

이 표상들은 우리 내면을 유지하는 큰 기둥으로서 우리가 고통에 굴하지 않고 이 세상을 살아가게 하는 힘의 원천이 됩니다.

우리는 두고두고 이 내면의 표상의 기운을 흡수하며, 상처받고 결핍된 부분은 다른 무엇을 전치해서라도 채워 넣으려 합니다.

앞서 소개한 제 꿈 또한 상처받고 결핍된 어머니와 아버지 표상을 회복시키려는 의지라고도 할 수 있습니다.

어머니와 아버지에 대한 생애 초기의 양육 경험들은 우리의 **근본환상**을 만듭니다.

세상에 내던져져 자기 스스로를 돌볼 수 없던 생애 초기의 경험들은 생명과 직결된 멸절, 박해, 유기, 그리고 양심이 불러오는 죄책감 등 존재의 불안들을 만들어 냅니다.

우리는 이 생애 초기의 경험들이 만든 불안과 함께하며, 자기만의 고유한 심리적 현실인 '근본환상'을 만들어 살아갑니다.

그리고 이 삶이라는 환상을 유지하기 위해 일관성과 연속성으로 이루어진 '자아'를 만들어 내는 것입니다.

　　　　　　　　　　증상, 목 잘린 인형들의 외침

자아는 세상의 새로운 경험들을 자기의 질서로 편입시키며, 이 환상을 유지하기 위해 자아의 일관성과 연속성에 해당되는 것들은 탐욕스럽게 삼켜대고, 그렇지 않은 것들은 분노로 뱉어 내 버립니다.

이러한 나의 고유한 욕망들이 곧 나를 규정하는 일정한 패턴을 만들어내며 삶이라는 환상을 유지하는 것입니다.

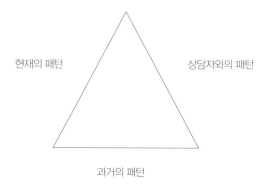

자신을 깊숙이 들여다보기 위해서는 세 개의 거울이 필요합니다.

'현재 내가 살아가는 패턴'과 '과거의 내가 살아왔던 패턴', 그리고 '상담자와 내가 주고받는 지금여기에서의 패턴'입니다.

우리는 이 거울을 통해 나를 이루는 근본환상을 알 수 있습니다.

하지만 이 각각의 거울에 비친 모습 뒤로 유령처럼 슬쩍슬쩍 지나치는 얼굴이 있습니다.

아직 해결되지 못한 채 심연을 떠도는 우리 무의식의 조각들입니다.

연상은 나이면서 나라고도 할 수 없는 이 조각들과 접속하여 그들의 한을 들어주는 일입니다.

내 안팎에서 맴도는 유령들을 적멸로 인도하는 일입니다.

우리는 현재를 통해 과거를, 과거를 통해 그간 미처 돌보지 못했던 또 다른 나와 조우하게 됩니다.

이때 상담자의 모습에 겹쳐서 드러나는 표상들은 아직 해결되지 못한 나의 과제들을 말해 주며, 노련한 상담자는 마치 영혼을 중개하는 무당처럼 불쑥 자신의 내면에 들어온 내담자의 표상들을 포착하여 그것을 수용하고 또 소화합니다.

어린 손주의 입에 밥을 씹어 넣어 주는 할머니처럼 내담자가 미처 소화하지 못한 한 서린 경험들을 그가 잘 소화할 수 있도록 씹어서 다시 그의 언어로 되돌려 주는 것입니다.

상처받은 무의식은 이렇게 이중, 삼중으로 자기를 둘러치며 의식의 접근을 막습니다.

마치 어린 아이가 부모를 갈망하면서도 악을 쓰고 떼를 쓰며 밀쳐내는 것처럼 말입니다.

우리는 다만 그것이 온전히 머물다 물러날 때까지 기다려주고 들어줄 따름입니다.

증상으로 드러난 유령 또한 일정한 패턴을 가지고 반복하며 그 자신을 재연합니다.

근본환상을 깨뜨리며 등장한 이 유령들은 온전히 자신의 이름을 불러줄 때까지 고통스런 반복을 멈추지 않습니다.

우리는 이 증상이라는 거울을 통해 자신의 일그러진 모습을 들여다보아야 합니다.

그러나 자신의 어두운 그림자를 만나는 일은 그 자체로 뼈를 깎는 듯한 고통이기도 합니다.

그럼에도 진실을 대면한 자는 자신의 그림자를 자신의 일부로 받아들이며, 목 잘린 고통의 시간들을 명명백백한 황금의 시간으로 부활시켜 향유할 것입니다. ●

신화,
오이디푸스여!
금갑琴匣을
쏴라!

제21대 비처왕毗處王 즉위 10년 무진년戊辰年에 왕이 천천정
天泉亭을 행차하였다. 이때 어디선가 까마귀와 쥐가 나타나
행차 앞에서 울더니, 쥐가 사람의 말로 "이 까마귀가 가는
곳을 찾아보시오."라고 하였다.

왕이 기사騎士에게 명령하여 까마귀를 뒤따르도록 하였는
데, 남쪽 피촌避村에 이르자 거기에 돼지 두 마리가 싸우고
있었다. 기사는 이 괴상한 광경을 보느라 깜박 까마귀를 놓
치고 길에서 두리번거리고 있었다.

이때 한 늙은이가 문득 연못 속에서 나와 글을 올리는데, 그
글 겉봉에는 "이 글을 떼어 보면 두 사람이 죽을 것이요, 떼
어 보지 않으면 한 사람이 죽을 것이다."라고 쓰여 있었다.

기사騎士가 돌아와 비처왕毗處王에게 그 편지를 바치니 왕이
말했다.

"두 사람을 죽게 하는 것보다 차라리 떼어 보지 않고 한 사
람만 죽게 하는 것이 낫겠구나."

이때 일관日官이 아뢰었다.

"두 사람이라 한 것은 서민庶民을 말한 것이고, 한 사람이라 한 것은 바로 왕을 말한 것입니다."

왕이 그 말을 그럴 듯하게 여겨 겉봉을 떼어보니, 그 속에는 '금갑琴匣을 쏘아라!'라고 적혀 있었다.

왕은 곧 궁중으로 들어가 '거문고 갑琴匣'을 발견하고 그것을 쏘았다. 그 거문고 갑 속에는 내전內殿에서 분향수도焚香修道하던 스님이 왕비와 은밀히 간통奸通하고 있었다. 이에 두 사람을 사형에 처했다.

이 일이 있은 뒤로 그 나라 풍속에는 해마다 정월 상해上亥, 상자上子, 상오上午 일에는 모든 일을 조심하고 함부로 움직이지 않았다.【여기서 '해亥'는 12지지의 띠 중에 '돼지'를 뜻하고, '자子'는 '쥐', '오午'는 '말'을 뜻한다. '상上'은 그 해의 '첫 번째'라는 뜻으로, 예를 들어 '상해上亥'는 그 해의 '첫 번째 돼지(亥)날'을 말한다.】그리고 정월 15일을 '오기일烏忌日'이라고 하여 찰밥을 지어 제사지냈으며, 이 풍습은 아직까지도 계속해서 행해지고 있다. 세간의 말로 이 풍습을 '달도怛忉'라고 하는데, 이는 '슬퍼하고 근심하여 모든 일에 조심하라.'는 뜻이다.

또 노인이 나온 연못을 '서출지書出池'라고 하였다.

第二十一毗處王卽位十年戊辰 幸於天泉亭 時有烏與鼠來鳴 鼠作人語云 此烏去處尋之 王命騎士追之 南至避村 兩猪相鬪 留連見之 忽失烏所在 徘徊路旁 時有老翁自池中

出奉書 外面題云 開見二人死 不開一人死 使來獻之 王曰
與其二人死 莫若不開 但一人死耳 日官奏云 二人者庶民
也 一人者王也 王然之開見 書中云 射琴匣 王入宮見琴匣
射之 乃內殿焚修僧與宮主潛通而所奸也 二人伏誅 自爾國
俗每正月上亥上子上午等日 忌愼百事 不敢動作 以十五日
爲烏忌之日 以糯飯祭之 至今行之 俚言怛忉 言悲愁而禁
忌百事也 命其池曰 書出池

『삼국유사』에 나오는 「사금갑射琴匣」 이야기입니다.

엄한 군사독재시절에는 사람들이 자신의 속마음을 함부로 밖에
꺼낼 수가 없었습니다. 독재정권에 항거하여 몰래 시위를 준비하던
대학생들은 골방에 모여 대자보를 만들고 또 계획이 탄로날까 비밀
첩보원처럼 암호를 사용하기도 했습니다. 그러다 밀정에 걸려 암호
가 해독되는 날에는 시위계획이 모두 들통이 나 관련자들이 구속되
고 고문을 당하기도 했습니다.

「사금갑射琴匣」 이야기는 층위가 여러 개인 미로처럼 구성되어 있
습니다. 이를 소설로 환언해 보면, 글을 쓴 '작가'와 소설을 안내하
는 '화자'와 사건을 전개하는 '주인공과 주변 인물들'이 사건이 벌어
지는 장소와 시간이라는 '배경'에서 '사건'을 벌이고 매듭 지으며 어떤
'메시지'를 전하고 있습니다. 이야기 속에 암호를 담은 편지가 등장
하고, 또 이야기 전체가 하나의 암호처럼 되어 있습니다.

수수께끼는 '질문'을 통해 '해답'을 찾는 방법입니다. 질문은 그

안에 '왜?'라는 의문을 가지고 하나씩 징검다리를 놓아 가며 해답을 찾아갑니다. 그리고 징검다리 ⓐ와 징검다리 ⓑ는 동일성을 바탕으로 'a는 b이다.'라는 식의 '은유'로 연결됩니다. 또 해답 앞에 놓인 징검다리 전체는 다시 하나의 거대한 징검다리인 '질문'이 되어 보이지 않는 '해답'을 가리킵니다. 즉 'a→b→c→d…'의 질문들이 징검다리를 놓아가며 '해답(A: answer)'에 도달하지만, 그것은 다시 그 전체가 'a→b→c→d…A'로 이루어진 하나의 거대한 '질문(Q: question)'으로 그 질문 밖에 있는 '보이지 않는 A'를 가리키는 것입니다. 즉 'Q(a→b→c→d…A)→A'가 되는 것입니다. 이것이 '상징'입니다.

상징은 음양처럼 늘 함께 하지만, 하나가 드러나면 다른 하나는 숨어서 존재합니다. '밤(음)'과 '낮(양)'이 한 몸으로 '하루(태극)'를 이루지만, 하나가 드러나면 하나가 숨어 둘은 영원히 만날 수 없습니다. 다만 드러난 하나를 통해 숨어 있는 다른 하나를 유추할 수 있는 것입니다.

'Q'는 보이지 않는 'A'를 가리키지만, 이 둘은 한 몸입니다(Q=(A)). 따라서 질문 자체가 해답이 됩니다.

하지만 해답은 드러난 질문 밖에서 보이지 않게 존재하는 것이므로, 해답으로 드러난 모든 것들은 그 진실을 사라지게 합니다. 그래서 예술은 그것을 찾을 때만 그것과 하나가 되는 '신비'라고 할 수 있는 것입니다. 이것이 바로 상징입니다.

'일기'에는 억눌러 왔던 욕망의 진실이 담겨 있습니다. 그러나 그 욕망은 현실에서 받아들여질 수도 없고 알려져서도 안 되는 것이기에 어두운 서랍 안에서 아무도 모르게 숨어 있어야 합니다. 그는 현실의 질서를 따라 살아가기 위해 견딜 수 없이 솟구치는 내면의 어두운 욕망들을 일기에 뱉어 놓은 것입니다. 그리고 그 뱉어 낸 것을 아무도 들여다보지 못하게 어두운 서랍 속에 감추어 놓은 것입니다.

'유서'에는 죽은 사람의 억울한 사연이, 말하지 못한 진실이 담겨 있습니다. 그는 그의 진실을 유서에 담아 세상에 남겨두고, 죽음이라는 어둠 속으로 영원히 사라졌습니다.

그러나 '비유'는 욕망과 금기라는 모순된 두 가지 욕망을 함께 실현합니다. 그것은 죽지 않고 세상에 남겨두는 '유서'이며, 더는 어두운 서랍 속에 감추어 두지 않아도 되는 '일기'입니다. 금기를 피해 감추어 두지 않고 오히려 그 금기 속에 감추어 두었기 때문입니다.

'비유'는 금기 속에 감추어 놓은 욕망입니다. 밀정들에게 들키지 않고 소통되는 '암호문'입니다. 이 암호문은 나의 욕망의 진실을 담고 있습니다.

하나의 사물에 '왜?'라는 의문을 던지면, 그 사물은 이제 '질문'이 됩니다. 그리고 우리는 이 질문에 대답을 해야 합니다. 그러나 우리가 그 해답을 말해 버린다면 그 사물은 이제 질문을 잃어버리게 됩니다. 드러난 하나를 통해 나머지 하나를 찾는 과정에서만 우리는 그 숨은 하나와 하나가 될 수 있기 때문입니다.

암호문의 숨은 의미가 적들에게 알려져서는 안 되듯이, 상징은 다만 보이지 않는 것을 체험하는 일입니다. 진실은 그것을 입 밖으로 내는 순간 사라져 버리기 때문입니다. ●

2— 하나의 거울, 천 개의 얼굴

우리가 보면
자기도 똑같이
보는 것은?
(   )

물건은 하나인데
보는 사람마다
다른 것은?
(   )

수수께끼입니다.

수수께끼는 '질문(Q)'과 '해답(A)'으로 이루어져 있습니다.

Q	우리가 보면 자기도 똑같이 보는 것은?
↓	↓
A	(거울)

그 해답에 '왜?'라는 의문을 던지면 그 해답은 질문으로 바뀌어 〔A?〕 다시 원래의 질문(Q)을 가리킵니다.

Q	우리가 보면 자기도 똑같이 보는 것은?	→	Q	우리가 보면 자기도 똑같이 보는 것.
↓	↓		↑	↑
A	(거울)		A?	왜 그것이 거울이 되는 거지?

좋은 작품은 '**Q와 A**'로 된 형식이 A에 대한 의문을 통해 '**A?→Q**'로 바뀌며, 또 '**A?→Q**'로의 여정이 하나의 거대한 '**질문(Q¹)**'이 되어 텍스트 밖의 '**A″**'를 가리킵니다.〔Q¹(A?→Q)…A〕

Q	우리가 보면 자기도 똑같이 보는 것.	→	Q¹	우리가 보면 자기도 똑같이 보는 것. 왜 그것이 거울이 되는 거지?
↑	↑			
A?	왜 그것이 거울이 되는 거지?			

Q¹	우리가 보면 자기도 똑같이 보는 것. 왜 그것이 거울이 되는 거지?	→	Q¹	우리가 보면 자기도 똑같이 보는 것. 왜 그것이 거울이 되는 거지? ⋮
				A′

신화, 오이디푸스여! 금갑金匣을 쏴라

그리고 질문과 해답은 상징처럼 드러난 것과 드러나지 않은 것으로 다시 하나가 되는 것입니다. (Q¹=(A'))

가령 작품에서 제목을 '질문'이라고 한다면, 그림은 '해답'이라고 할 수 있습니다. 따라서 제목은 달을 가리키는 '손가락'이라고 할 수 있고, 그림은 그 손가락이 가리키는 '달'이라고 할 수 있습니다.

몽환적인 개화: 파울 클레(Paul Klee)

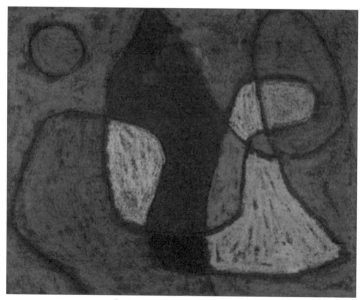

출처: 프랑스국립박물관연합(RMN)

「몽환적인 개화」라는 제목을 보며, 사람들은 그 제목이 지시하는 그림을 봅니다. 그러나 작품 감상에서 사람들은 그림을 먼저 보기도 하고, 또 제목을 먼저 보기도 합니다. 그렇게 제목과 그림을 번갈아 보며, "왜 이 그림을 몽환적인 개화라고 했을까?" 질문과 대답을 반복합니다.

제목과 그림 사이의 동일성을 찾아 작가가 말하지 않은 작품 너머의 새로운 길을 찾으려 합니다. 그리고 '왜?'라는 질문과 함께 제목과 그림은 다시 새로운 '손가락'이 되고, 이 과정에서 감상자는 작가가 드러내지 않은 새로운 '달'을 보게 됩니다.

만약 작가가 어떤 정답을 가지고 설명한다면, 이 작품은 하나의 수단으로 전락해 작품의 생명인 상징성을 잃게 됩니다. 마치 앞 사람에게 그 앞에 있는 볼펜을 달라고 했을 때 그 볼펜을 받는 동시에 그 말의 임무도 사라지는 것처럼 말입니다. 상징이 전달과 효용의 도구로 전락해 용도 폐기되는 것입니다.

그러나 작품과 의도 사이에 난 징검다리가 너무 멀 경우에는 또 사람들이 길을 잃기 쉽습니다. 의미를 가늠할 수 없는 작가만의 혼잣말이자 몽상으로 전락하는 것입니다.

징검다리가 너무 가까우면 그 의미가 훤히 드러나 상징이 될 수 없고, 또 너무 멀면 소통을 잃어버린 정신병자의 중얼거림과 다름없습니다. 그러나 좋은 작품은 항상 손가락이 되어 명확하게 달을 가리킵니다.

작품이라는 손가락이 가리키는 달은 '하나의 거울'이 됩니다. 좋은 작품은 선명한 거울을 만들어 냅니다. 독자들은 이 거울을 통해 자신의 모습을 비추어 봅니다. 실은 작품의 보이지 않는 반은 독자가 자신의 모습을 꺼내 비춰 보는 것입니다. 작품이라는 거울 없이 사람들은 결코 자신의 모습을 볼 수가 없기 때문입니다.

파울 클레의 「몽환적인 개화」는 언뜻 모자를 쓴 두 사람이 서로 마주보고 있는 듯이 보입니다. 먼 하늘에는 붉은 태양이 빛나고, 그들은 마치 강 하나를 사이에 두고 이야기를 나누는 것처럼 보입니다. 햇살이 닿을 때마다 꽃이 꽃잎을 여는 것처럼, 이 둘은 강 하나를 사이에 두고 붉게 물들어가며 속삭이고 있는 듯이 보입니다. 그렇게 속삭이듯 하나씩 얼어붙은 마음 꽃을 피우고 있는 듯이 보입니다.

이러한 감상은 다만 작품의 거울에 비친 제 모습일 뿐입니다.

좋은 작품에는 반드시 여백이 있습니다. 마치 그릇을 만드는 것처럼 작가는 자신도 모르는 사이에 그 그릇의 비어 있음도 함께 만들어 가는 것입니다. 그리고 우리는 그 비어 있음을 통해 자신만의 이야기를 채워 넣을 수가 있는 것입니다.

좋은 작품은 백 사람이 보면 백 개, 천 개의 그림을 보여줍니다. 하나의 그림이 백 개, 천 개의 그림으로 늘 새롭게 다시 태어나는 것입니다.

신화는 인류가 함께 꾼 꿈이라고 할 수 있습니다.

따라서 신화에는 인간의 영원한 마음주제인 미해결된 핵심감정과 발달단계 상의 과제, 그리고 자기의 고유한 능력을 발현하는 자기실현에 관한 내용들이 거대한 지층처럼 쌓여 있습니다. 이러한 주제들은 모두 고통을 극복하고 자유로움을 얻는 데 그 의의가 있습니다.

테베 도시에 역병이 돌기 시작했다. 나무는 열매를 맺지 못하고 가축과 여인들은 불임과 질병에 시달리며 죽어갔다.

스핑크스의 수수께끼를 풀고 테베 왕이 된 오이디푸스는 델포이 신전으로 사람을 보내 신탁을 듣게 했다. 신탁은 전 왕인 라이오스를 살해한 자를 벌하여 왕국의 오염된 것을 정화해야 한다고 말했다.

오이디푸스는 장님 예언자 테이레시아스를 불러 범인을 찾고자 했는데, 그는 당신이 바로 찾고자 하는 그 범인이며, 당신이 아버지를 살해하고 어머니와 잠자리를 해 아이를 낳은 사람이라고 말했다. 이에 격노한 오이디푸스가 예언자를 쫓아내고, 그를 불러들인 처남 크레온을 죽이려 하였다.

왕비 이오카스테가 그것을 말리며, 자신이 전에 들었던 신탁이 틀린 적이 있음을 말해 주었다. 그것은 자신이 낳은 아들이 아버지를 죽이고 자신과의 사이에서 아이를 낳을 것이라는 신탁이었는데, 아이는 태어나자마자 두 발을 묶어 산에 버렸고, 그 아이의 아버지인 라이오스는 다른 나라 도둑에게 살해당했으니 안심하라는 이야기였다. 그리고 그 살해 현장에서 살아 돌아온 하인이 하나 있어 그 내용을 증명해 줄 수 있다고 하였다.

오이디푸스는 자신의 과거를 떠올리며, 자기는 코린토스의 왕자였고 우연히 연회석의 술 취한 사내가 자신이 왕의 친아들이 아니라고 말하자 델포이 신전에 가서 신탁을 들었다고 말했다. 그 신탁은 자기가 아버지를 죽이고 어머니와 아이를 낳을 것이라는 예언이었다. 오이디푸스는 그 끔찍한 예언을 피하기 위해 코린토스를 떠났으며, 우연히 삼거리에서 만난 일행과 시비가 붙어 마차에 타고 있던 노인을 지팡이로 때려죽이고 나머지 하인들도 죽였다고 말했다.

그러던 중 코린토스 왕인 아버지가 죽었다는 사자의 전갈을 받고 오이디푸스는 신탁의 예언을 피한 것이라고 생각했다. 하지만 이오카스테의 신탁 이야기가 끝내 마음에 남았다. 그런데 마침 전갈을 전해준 사자가 오이디푸스를 알아

보고는 자기가 당신이 아기였을 때 테베의 양치기에게 당신을 받아 자식이 없던 코린토스 왕에게 주었다고 말했다.

이오카스테는 출생의 비밀을 밝히려는 오이디푸스를 막아보려 하지만, 오이디푸스는 아기였을 적에 자기를 건네준 양치기를 찾아냈고, 또 그가 전에 삼거리에서 라이오스 왕이 살해될 때 도망 나온 하인임을 밝혀냈다. 그는 그 하인을 통해 자기가 찾고자 했던 범인이 바로 자기 자신임을 확인했다.

이오카스테는 목을 매 자살하고, 오이디푸스는 저승에 가서 부모님을 뵐 면목이 없다며 그녀의 옷에 있던 황금브로치를 뽑아 두 눈을 찔러 장님이 되었다. 그리고 운명을 알아차리지 못한 자신을 한탄하며, 테베를 떠나 유랑을 하다 죽었다.

소포클레스의 유명한 고대 그리스 비극『오이디푸스 왕』입니다.

이 작품은 개인의 희곡 작품이기도 하지만, 기존의 신화를 차용하여 풀어쓴 것으로 신화에 속한다고 할 수 있습니다. **신으로 대변되는 운명과 인간의 대결**이 흥미진진하게 펼쳐집니다.

주인공 '오이디푸스Oedipus'는 '부은oedi 발pus'이라는 뜻을 가지고 있습니다. 또는 '발pous을 안다oida'라는 뜻으로도 풀이할 수 있습니다.

인간은 직립을 통해 다른 동물들과는 달리 멀리 시선을 확장함으로써 인식의 지평을 얻게 되었습니다. '발'은 이 세계에서 자기를 지탱해 주고 원하는 대로 갈 수 있게 하는 '인간의 정체성과 자유'를 상징합니다. 그리고 키가 클 때마다 신발을 새롭게 바꾸어 신듯이 '성장'을 상징하기도 합니다.

오이디푸스는 발이 부어 있습니다. 신탁의 실현을 두려워한 부모가 그의 발을 쇠꼬챙이로 뚫어 산에 버렸기 때문입니다. 오이디푸스는 지팡이를 짚고 절름거리며 늘 자신의 정체성을 탐색해야 했습니다.

코린토스 왕의 아들로 입양돼 성장한 오이디푸스는 청소년기에 우연히 자신의 부모가 친부모가 아니라는 이야기를 듣고 델포이 신전으로 가서 신탁을 듣습니다. '델포이Delphi'는 '대지의 자궁'이라는 뜻으로 태양의 신 아폴론의 신전입니다. 신전 입구에는 "너 자신을 알라!"는 경구가 새겨져 있고, 그 안에는 여사제 '퓌티아'가 무아지경에 빠진 채 신의 뜻을 전해 줍니다.

신탁은 라이오스가 들었던 예언과 똑같이 "너는 아버지를 죽이고 어머니와 결혼해 아이를 낳을 것이다."라고 전합니다. 오이디푸스는 크게 상심하여 그 예언에서 벗어나고자 코린토스를 떠납니다.

그러다 삼거리에서 사사로운 시비로 노인과 그 하인들을 죽이게 되고, 테베의 입구에서 수수께끼를 내고 사람을 잡아먹는 스핑크스를 만납니다. '스핑크스Sphinx'는 '목을 졸라 죽이는 자'라는 뜻으로 머리는 인간이고, 몸통은 가슴 달린 여자이며, 등과 손발은 사자로 큰 날개가 달린 괴물입니다.

스핑크스는 어떤 경계를 지키는 파수꾼으로서 "아침에는 네 발, 점심에는 두 발, 저녁에는 세 발인 것은 무엇인가?" 하며 질문을 던집니다. 오이디푸스는 불편한 자신의 발에 대해 늘 탐색한 자이므로 '인간'이라고 쉽게 그 수수께끼를 맞춥니다. 인간은 처음엔 네 발로 기고, 커서는 두 발로 걷고, 늙어서는 지팡이를 짚으며 세 발로 걷기 때문입니다. 스핑크스는 경계의 임무를 지키지 못한 자책감에 스스로 높은 절벽에 올라 떨어져 죽습니다.

테베의 근심거리였던 스핑크스를 죽인 공로로 오이디푸스는 테베의 왕이 되고 전 왕의 부인인 이오카스테와 결혼하여 2남 2녀를 둡니다. 그렇게 행복한 결혼생활과 통치생활을 하는 중에 도시에 역병이 돌아 사람들이 죽어 나갑니다. 오이디푸스는 델포이 신전에 신탁을 의뢰하고, 신탁의 결과 "이 도시에 아버지를 죽이고 어머니와 결혼하여 아이를 낳은 패륜아가 있으니 그를 쫓아내어 정화해야 한다."는 예언을 듣게 됩니다. 그리고 그 패륜아를 찾아낸 결과 그것이 오이디푸스 자신이었음을 밝혀냅니다. 이오카스테 왕비는 목을 매 자살을 하고, 오이디푸스는 저승에서 부모를 뵐 낯이 없다며 스스로 두 눈을 찌른 뒤 테베를 떠나 유랑합니다.

그는 자살하지 않고 장님이 된 이유를 "이 기구한 운명이 아니었다면, 나는 이미 태어나자마자 죽었을 것이다. 그러니 이제 운명을 거스르지 않고, 그 운명이 가자는 대로 따라갈 것이다."라고 하였습니다.

장님 예언자 테이레시아스는 그가 "눈이 있어도 보지 못하고, 자기가 누구인지 또 어디서 왔는지 알지 못했기에 불행해진 것"이라고 말하며, "오늘이 그대를 낳고 그대를 죽일 것이요."라고 수수께끼

신화, 오이디푸스여! 금갑_{숲甲}을 쏴라

같은 말을 했습니다.

사람들은 오이디푸스가 "자신의 운명과 운명에 대한 통찰력 때문에 불행해진 것이다."라고 말하며, "수수께끼를 풀고 왕이 되었지만, 죽음 앞에서 인간은 그 고통에서 해방되기까지 어느 누구도 행복을 기리지 말라."고 말했습니다.

소포클레스는 다시 『콜로노스의 오이디푸스』라는 연작을 쓰며, 운명의 고통을 겪어낸 인간에 대해 파멸이 아닌 구원을 말합니다.

테베에서 추방되어 큰 딸 안티고네와 길을 헤매던 장님 오이디푸스는 신성한 콜로노스의 숲에서 생을 마칩니다. 그는 딸들을 불러 샘물을 길어오게 하고 그 물에 목욕을 마친 후 옷을 갈아입습니다. "이제 내 모든 것이 소멸하니, 너희들은 더 이상 내 부양으로 수고롭지 않을 것이다. 그리고 그 수고를 보상할 나의 말은 너희들을 이 세상 누구보다 사랑한다는 것이다."라는 말을 남기고 죽습니다.

그리고 그가 죽은 자리는 신들에 의해 영원히 번영될 것을 약속받고, 고통으로 얼룩진 그의 육체는 번영의 성물이 되어 그리스를 지키는 수호신이 되었습니다.

"그대는 내가 죽은 장소를 누구에게도 말하지 마시오. 그러면 그것이 그대를 훌륭히 지켜줄 것이오. 말해서는 안 되는 신성한 것들은 그대가 혼자 그곳에 가면 저절로 알게 될 것이오…."

인생은 '오이디푸스'입니다. 인생은 자신의 부은 발에 대해 아는 것입니다. 절름발이로 절뚝거리면서도 세상 모든 것을 다 안다고 자만하는 교만한 자신에 대해 아는 것입니다.

그는 안간힘으로 운명에서 벗어나려고 했지만, 그 일이 모두 안간힘으로 운명을 실현하는 일이었습니다. 떠나는 일이 곧 돌아오는 일이었습니다.

"너 자신을 알라!"는 경구를 눈앞에 두고도 내가 아무것도 알지 못한다는 자신을 알지 못했습니다. "아침에 네 발, 점심에 두 발, 저녁에 세 발"인 것이 인간인 줄은 알았어도, 자신 또한 그 무상한 세월에 스러져가는 인간임을 알지 못했습니다. 내가 누구인지를 알지 못했습니다.

운명을 핑계로 어두운 욕망의 그림자를 좇아 아버지를 살해하고 어머니와 결혼해 동생이자 자식인 아이들을 낳았습니다. 그러고도 자신의 은밀한 죄책감이 역병으로 돌아 도시를 죽음으로 물들 때까지 짐작조차 하지 못했습니다.

하지만 그는 고통을 기회로 자신의 심연 보기를 멈추지 않았습니다. 삶이라는 수수께끼 앞에 '나는 누구이고 어디에서 왔다가 어디로 가는지'를 결코 놓치지 않았습니다. 진실을 확인한 후에는 교만과 어리석음에 대한 참회로 스스로 두 눈을 찔러 장님이 되었습니다. 그리고 내면의 눈을 밝혀 운명을 수용할 수 있는 혜안을 얻었습니다. 그것은 운명에 대한 굴복이 아니라, 자신의 **자유의지**로 당당하게 운명을 수용하고 선택한 것입니다.

이제 그가 죽은 자리는 영원히 번영을 약속하는 신성한 땅이 되었습니다. 진실을 외면하지 않고 인생의 고통을 되새겨 음미한 자에게는 **고통이 은총**이 되어 축복을 내리는 것입니다.

신화, 오이디푸스여! 금갑^{金甲}을 쏴라 그는 지난 여정을 되돌아보며, 절뚝이는 발로 다시 인생 앞에 섰습니다.

그가 처음 찾고자 했던 것이 이미 그 안에 있었습니다.

제
5
부

언어,
혜능 선사가
비트겐슈타인에게

우리는 자신의 욕망과 감정을 '표상과 언어'로 전환하며 객관과 연결됩니다. 우리는 표상과 언어를 통해 자기의 속마음을 타자와 주고받을 수 있습니다.

이 표상과 언어는 개인 고유의 것이기도 하지만, 대대로 이어져 내려온 집단의 것이기도 합니다. 인간의 내면을 이루는 표상과 언어는 인간이 태어나기 이전부터, 또 죽음 이후에도 그 개인과 별개로 존재하기 때문입니다. 따라서 표상과 언어는 선험적인 것이며, 우리는 이 표상과 언어를 통해 집단정신과 접속하게 되는 것입니다.

인간은 자신의 경험들을 이 표상과 언어를 통해 구조화시키며, 세상의 무질서와 혼란에서 벗어나고자 일정한 규칙과 질서를 발견합니다. 이 규칙과 질서를 통해 세상을 예측하고 통제하며 불안과 무기력에서 벗어나고자 하는 것입니다. 그리고 감각기관의 발달과 함께 점차로 '기억'과 '에고'가 탄생하는 것입니다.

'**에고**'는 자신의 고유한 경험들을 언어표상으로 저장하며, 그 내면세계에 규칙과 질서를 부여합니다. 따라서 '나'라는 것은 내면세계의 규칙과 질서를 따르는 '언어표상의 종자'입니다. 이것이 '에고'이며, '의식'입니다. 또 이에 더해 인간은 '도덕과 금기'를 습득해 타자와의 보편원리를 공유합니다. 그렇게 조금씩 인간은 자기만의 '고유한 심리적 현실'을 만들어 가는 것입니다.

하지만 표상과 언어 이전, 에고 이전의 욕망과 감정들은 '이름 없는 표상' '주인 없는 표상'이 되어 의식과 더불어 살아갑니다. 또 도덕과 금기로 억압된 욕망들이 '금지된 표상'으로 남아 의식 저변에 숨어 살아갑니다. 이것을 '무의식'이라고 할 수 있습니다.

인간의 내면에는 이렇게 의식과 무의식이 함께 존재하며, 그것들은 일정한 규칙과 질서에 따라 작동합니다.

우리는 특히 이 **언어**에 대해 주목해야 합니다.

언어는 크게 **'단어'**와 그 단어들을 연결해 주는 **'문법'**으로 구분할 수 있습니다. 우리는 이 단어들의 조합을 통해 자신의 욕망과 감정, 그리고 사물과 현상들을 표현하고 포착합니다.

의미 없이 산발해 흩어져 있는 욕망과 단어들은 문법의 질서를 통해 하나의 욕망으로, 문장으로 그 고유한 의미를 만들어 내며 정신의 한 부분을 이룹니다. 이 하나의 문장에는 내 고유한 욕망과 집단의 욕망이 의식과 무의식으로 조화롭게 흘러가는 것입니다.

"원숭이 엉덩이는 소나무"가 되기 위해서는 그 사이에 숨어 있는 것들이 연결되어야 합니다. '원숭이 엉덩이와 사과와 바나나와 기차와 비행기와 백두산과 가시와 소나무' 사이에 '빨강과 맛과 긺과 빠름과 높음과 뾰족함과 무성함'이라는 '동일성'을 발견해 그 징검다리를 놓아 주어야 합니다. 이것이 이야기의 원리이자 우리 내면을 유지하게 하는 질서입니다.

옛날 옛날에 이야기 듣는 것을 좋아하는 한 아이가 있었다. 이 아이는 어느 곳이든 이야기가 있는 곳을 찾아다니며 이야기를 들었다. 그리고 자기가 들은 이야기는 모두 종이에 적어 주머니에 넣어두고는 아무에게도 들려주지 않았다.

시간이 흐르고 아이는 나이가 들어 장가를 가게 되었다. 장가가기 전날 밤, 주머니에 꽁꽁 묶여 있던 이야기들이 수근거렸다.

"그동안 우리를 가두어 놓은 이 괘씸한 놈을 혼내 줘야겠어."

"그래, 나는 그가 가는 길에 산딸기로 변해 있다가 그걸 먹고 죽게 만들 거야."

"나는 이놈이 그것을 지나치면, 샘물로 변해 있다가 그걸 마시고 죽게 만들 거야."

"나는 이놈이 그것마저 지나치면, 신혼 이불 속에 바늘로 변해 있다가 거기에 찔려 죽게 만들 거야."

그런데 우연히 이 집 하인이 그걸 엿듣게 되었다. 다음날 하인은 한사코 이 총각의 견마잡이를 하겠다고 우기며 함께 길을 나섰다.

말을 타고 가는 길에 총각은 수풀에서 삐져나온 탐스러운 산딸기를 보았다.

"저기 산딸기 좀 따오너라."

하인은 대꾸도 하지 않고 서둘러 그곳을 지나쳤다.

한참을 가다 총각은 바위 밑에서 솟아나는 샘물을 보았다.

"잠깐 저 샘물 좀 마시며 쉬었다 가자."

하인은 이번에도 대꾸도 하지 않고 서둘러 그곳을 지나쳤다.

총각은 화가 부글부글 끓었지만, 좋은 날인 만큼 참기로 했다.

혼례식을 마치고 총각은 신방으로 잠자리를 청하러 갔다. 이때 하인이 먼저 방안에 들어가서는 이불을 끄집어 내 왔다.

참다 못한 총각이 벼락같이 화를 내며 말했다.

"아니, 아까부터 이게 다 무슨 짓이냐!"

하인은 이불에 숨은 바늘을 찾아내 총각에게 보여주고는, 어젯밤 자신이 들었던 이야기들의 작당모의를 전해 주었다.

총각은 하인에게 크게 고마워하며, 그동안 꽁꽁 묶어 두었던 이야기 주머니를 풀어 주었다. 그리고 그 이후부터는 이야기를 들을 때마다 다른 사람들에게도 자신이 들은 이야기를 들려주었다.

전래동화 『이야기 주머니』입니다.

이야기는 막혔던 우리 정신에 실핏줄을 돌게 합니다. 소설이나 TV를 통해 끊임없이 이야기를 탐하는 인간의 본성은 자신의 마음 주제를 이야기를 통해 배우고 해결하고자 하는 의지라고도 할 수 있습니다.

가둬 둔 나의 이야기는 귀신이 되어 나를 괴롭게 합니다. 임금님 귀는 당나귀 귀라고 말하지 못해 죽은 박두장이처럼 귀신이 되어 자신의 남은 이야기를 전하려고 합니다.

'사전적 의미'만 가진 채 별 관련 없이 나열된 '단어'들은 '문법'을 통해 '하나의 맥락'을 이룹니다. 그리고 그 전후 관계 속에서 또 고유한 '맥락적 의미'를 얻게 됩니다. 한 단어에 깃든 나와 타자의 욕망이 하나의 문장으로 완성되며, 맥락이라는 새로운 겹의 욕망이 되는 것입니다. 우리의 욕망이, 연상이 복잡한 이유입니다.

'사전적 의미'는 **보편상징**이라고도 할 수 있습니다. 보편상징은 인류 모두에게 공통되는 것으로 마치 장기규칙에 따라 '장기알'이 움직이는 것과 같습니다.

하지만 그 보편상징은 맥락에 따라 다른 의미를 만들어냅니다. 가령 '사랑'이라는 말은 세상의 모든 사전에서 성스럽고 거룩한 의미로 풀이되어 있지만, 한밤중에 갑자기 자기를 끌어안으며 사랑한다고 외치는 치한의 말은 공포스런 말이 되며, 처자식을 버리고 떠났다가 가산을 탕진하고 병들어 돌아온 남편의 사랑 고백은 역겨운 말이 될 뿐입니다. 어떤 사전에서도 '사랑'의 풀이로 '공포스럽다' '역겹다'라는 뜻은 없지만, 맥락에 따라 사전에 없는 의미들이 또 얼마든지 새롭게 만들어질 수 있는 것입니다. 이러한 '맥락적 의미'가 바로 **개별상징**이며, 우리는 보편상징과 개별상징을 통해 자기만의 고유한 욕망과 심리적 현실을 만들어가는 것입니다.

이러한 의미의 세계는 '동일성'과 '차이성', 그리고 '초월성'으로 이루어진다고 할 수 있습니다.

'동일성'은 다른 말로 '질서'라고 표현할 수 있습니다. 일정한 규칙과 질서에 편입되지 않는 것들은 결코 의미가 될 수 없습니다. 따라서 인간은 새롭게 다가온 욕망과 감정, 사물과 현상들을 일정한 질서 안에 들여놓기 위해 그것과 기존 질서와의 동일성을 발견해야 합니다. 사물들의 숨은 의미를 찾아내고 연결해 새롭게 의미 부여해야 합니다. 그렇게 언어 표상으로 바꾸어가며 사물들을 내 인식에 통합하고 확장해 나가야 하는 것입니다.

그러나 의미 없이 흩어져 있는 사물과 현상들은 이미 그 자체로 나의 질서와 **'차이성'**을 띠고 있습니다. 이에 우리는 하나의 사물에 언어로 이름을 지어줍니다. 가시 달린 저 황홀한 붉은 꽃잎에 '장미'라는 이름을 지어줍니다. 그러나 장미는 장미라고 이름 붙일 수도 있고, 낙타라고 이름 붙일 수도 있습니다.

하지만 장미라고 이름 붙인 이상에는 그것이 장미가 되기 위해 낙타가 아니어야 하고 또 구름이 아니어야 합니다. 장미는 이제 장미와 장미 아닌 것들이 합해져야만 장미가 되는 것입니다(장미=장미+非장미). 마치 나라는 말에는 네가 아니라는 말이 숨어 있듯이, 장미가 아니라는, 낙타가 아니라는, 구름이 아니라는 말이 숨어 있듯이, 그래서 네가 아닌 내가 될 수 있듯이 말입니다.

의미의 세계에서는 하나의 의미를 이루기 위해 그것 아닌 무수한 다른 의미들이 그 의미 속에 숨어 차이성으로 그 의미를 밀어내는 것입니다. 마치 하나가 나오면 다른 하나가 숨는 것처럼, 의미로 호명되지 못한 수많은 의미들이 그 사이의 여백이 되어 의미를 밀어내는 것입니다.

그리고 언어가 이렇게 동일성과 차이성으로 이루어진 것을 알았을 때, '진정한 유는 무가 있으므로 유가 있음을 알게 되고, 진정한 무는 유가 있으므로 무가 있음을 알게 되어' 일상의 의미들은 이제 **'초월성'**으로 전식득지轉識得智하는 것입니다.

옛날 옛날에 한 석수장이가 살고 있었다.

어느 무더운 여름 날, 석수장이는 뙤약볕 아래에서 돌을 깎아내다가 문득 이런 생각이 들었다.

'아, 나는 왜 뙤약볕 아래에서 이런 힘든 일을 하며 살아야 하는 걸까? 내가 만약 저 태양이라면 나는 힘들이지 않고도 이 세상을 환하게 밝혀 줄 수 있을 텐데….'

그 순간 정말 기적처럼 석수장이는 태양이 되었다. 태양이 된 석수장이는 신나게 햇살을 뿌리며 세상을 환하게 밝혀 주었다. 그런데 어디선가 구름이 밀려와 그 태양을 가려 놓았다. 태양이 된 석수장이는 생각했다.

'아, 저 구름이 태양보다 훨씬 더 힘이 세구나. 그렇다면 나도 한번 저 구름이 되어 보았으면….'

그러자 석수장이는 이번에는 구름이 되었다. 구름이 된 석수장이는 세상을 다 얻은 것처럼 기뻐하며 또 신나게 비를 뿌려댔다. 그런데 어디선가 세찬 바람이 불어오자 구름은 힘없이 밀려나 여기저기를 떠도는 신세가 되었다. 구름이 된 석수장이는 생각했다.

'아, 구름은 저 바람 앞에 참으로 무력한 존재구나. 그렇다면 나도 한번 저 바람이 되어 보았으면….'

석수장이는 이번에는 바람이 되었다. 바람이 된 석수장이는 제 마음껏 휘몰아치며 이것저것을 날려 보냈다. 그런데 아무리 휘몰아쳐도 끄덕도 하지 않는 바위를 만나게 되었다. 바람이 된 석수장이는 생각했다.

'아, 바람이 아무리 휘몰아쳐도 꿈적도 하지 않는 저 바위야말로 세상에서 가장 강한 것이로구나. 그럼 나도 한번 저 바위가 되어 보았으면….'

석수장이는 이번에 바위가 되었다. 그런데 어디선가 땅땅- 정을 쳐대며 자기 몸을 쪼아대는 소리가 들렸다. 깜짝 놀란 석수장이는 힘없이 떨어져 나가는 자기 몸을 내려다 보았다. 거기에는 웬 키 작은 석수장이 하나가 뙤약볕 아래에서 땀을 뻘뻘 흘리며 바위를 깎아내고 있었다.

바위가 된 석수장이는 다시 원래의 석수장이로 돌아갈 것을 간절하게 기도했다.

민담으로 내려오는 『석수장이 이야기』입니다.

일상에 찌든 평범한 석수장이가 그 일상 저변에 숨어 있는 이야기를 통해 일상을 특별한 의미로 만들어 내는 이야기입니다.

이 이야기는 위에서 논의한 '의미의 원리'와 대입해 읽어볼 수 있습니다. 일상과 그 일상 속에 숨어 일상을 밀어 올리는 것들과 그 숨어 있는 것을 알아차렸을 때의 특별한 일상으로 말입니다.

"원숭이 엉덩이는 사과다."라는 문장은 '빨갛다'라는 동일성을 찾아내야 의미로 연결될 수 있습니다. 그리고 그 '빨갛다'라는 말은 그 속에 '파랗지 않다, 노랗지 않다, 검지 않다…'라는 무수한 차이성이 숨어 있습니다. 즉 '빨갛다'라는 'a' 속에는 부정의 형태로 끝없이 'b, c, d…'가 숨어있는 것입니다. 여기에서는 '~가 아니다非'라는 축약기호로서 '-'를 사용하겠습니다.

'원숭이 엉덩이[a]'는 그 속에 무수한 '(원숭이 엉덩이는) 사과가 아니다[-b], 코끼리가 아니다[-c], 시냇물이 아니다[-d]…'가 숨어 있으며, '아니다'는 차이성을 제거하고 'a[원숭이 엉덩이]'와 'b[사과]'를 연결해 주는 것이 바로 '빨강'이라는 동일성입니다. 그리고 그 나머지[-c, -d, -e…]들은 차이성으로 숨어 'a는 b이다.'라는 의미를 지탱해 줍니다.

이제 의미의 세계가 동일성과 차이성으로 이루어진 것을 꿰뚫어 본 이에게는 평범한 사물이 특별한 사물로 변합니다. 'a' 속에 전체가 있고 전체 속에 'a'가 있음을 자각하여, 'a'가 'meta a'로 초월성을 얻게 되는 것입니다.

초월성으로 세상을 보는 이는 모든 사물들이 서로 연결되어 "원숭이 엉덩이는 소나무"가 될 수 있습니다. 사물과 사물 사이에 동일성이라는 징검다리를 놓아 두지 않아도 그에게는 사물들이 이미 하나로 연결되어 있기 때문입니다.

"회주의 소가 여물을 먹는데 익주의 말이 배가 터지고, 천하의 명의를 구해 보냈더니 돼지어깨에 뜸을 뜨는 것(懷州牛喫草 益州馬腹脹 天下覓醫人 灸猪左膊上)"입니다.【중국 당나라 때의 선사禪師로 선종의 제7대 조사인 남악회양南嶽懷讓의 시이다.】

육조가 이르길, "여기 한 물건一物이 있는데, 머리도 없고 꼬리도 없으며, 이름도 없고 자字도 없다. 위로는 하늘을 지탱하고 아래로는 땅을 받치고 있으며, 밝기는 태양과 같고 어둡기는 옻칠과 같다. 항상 움직이는 가운데 있으나, 움직이는 가운데 잡으려 해도 얻을 수 없는 것이 이것이다. 그것이 비록 이러하지만, '한 물건'이라는 말 또한 억지로 지칭한 것일 뿐이다."

六祖云 有一物 無頭無尾 無名無字 上柱天下柱地 明如日 黑似漆 常在動用中 動用中收不得者是 然雖如是 一物之 言 亦强稱之而已

『금강경오가해金剛經五家解』, 육조혜능六祖慧能

여기 '한 물건一物'이 있는데, 본래로부터 밝고 신령스러워 일찍이 생한 적도 없고 멸한 적도 없으며, 이름도 없고 모양도 없다.

… 육조가 대중에게 이르길, "나에게 한 물건이 있는데, 이름도 없고 자字도 없다. 너희들은 알겠는가?"

신회가 나와 말하길, "모든 부처의 본원이며, 신회의 불성입니다."

이것이 신회가 육조의 서자가 된 까닭이다.

회양이 숭산에서 와 알현하니 육조가 묻기를, "무슨 물건이 이렇게 왔는고?"

회양이 당황하여 어찌할 바를 모르다가 8년이 지난 후에야 스스로 대답하길, "설사 한 물건이라 해도 맞지 않습니다."

이것이 회양이 육조의 적자가 된 까닭이다.

有一物於此 從本以來 昭昭靈靈 不曾生不曾滅 名不得狀
不得 …六祖告衆云 吾有一物 無名無字 諸人還識否 神會
禪師 卽出曰 諸佛之本源 神會之佛性 此所以爲六祖之孼
子也 懷讓禪師 自嵩山來 六祖問曰 什麼物 伊麼來 師罔措
至八年 方自肯曰 說似一物 卽不中 此所以爲六祖之嫡子
也

『선가구감禪家龜鑑』, 서산휴정西山休靜

불교에서는 언어로 표현되는 모든 것들을 4가지 범주로 나누었습니다. 이것을 '4구四句'(有, 無, 亦有亦無, 非有非無)라고 합니다.

제1구는 '유有'로 'A는 A다'라는 '동일률同一律'을 말합니다. 동일률은 논리의 기본명제로 'A는 -A가 아니다' 'A는 A이면서 -A이다' 'A는 A도 아니고 -A도 아니다'라는 네 가지 명제로 확장됩니다.

모든 명제는 'A이면서 A와 -A가 동시에 참일 수 없다'는 '모순률矛盾律'과 'A가 참이면 -A는 참일 수 없으며, 그 사이에 중간적 삼자는 끼어들어 수 없다'는 '배중률排中律'이 적용됩니다. 이때 'A는 A다' 'A는 -A가 아니다'라는 동일률은 명제의 '참·거짓'을 구분하는 기준이 되며, 따라서 'A는 A이면서 -A이다' 'A는 A도 아니고 -A도 아니다'라는 명제는 동일률에 위배되는 '참·거짓'을 구분할 수 없는 '모순어법'이라고 할 수 있습니다.

쉽게 표현해 제1구는 '있다(有)' '나는 나다(A는 A다)'라고 요약할 수 있습니다.

제2구는 '**무無**'로 'A는 -A가 아니다'라는 동일률의 명제이며, '없다(無)' '나는 네가 아니다(A는 -A가 아니다)'로 요약할 수 있습니다.

제3구는 '**역유역무亦有亦無**'로 'A는 A이면서 -A이다'라는 모순명제이며, '있으면서 또한 없다(亦有亦無)' '나는 나이면서 너이다(A는 A이면서 -A이다)'로 요약할 수 있습니다.

제4구는 '**비유비무非有非無**'로 'A는 A도 아니고 -A도 아니다'라는 모순명제이며, '있는 것도 아니고 없는 것도 아니다(非有非無)' '나는 나도 아니고 너도 아니다(A는 A도 아니고 -A도 아니다)'로 요약할 수 있습니다.

우리가 언어로 사유하고 표현할 수 있는 모든 것들은 이 4구의 범주에 들어갑니다.

언어, 혜능 선사가 비트겐슈타인에게

그러나 "지극히 큰 것은 밖이 없고, 지극히 작은 것은 안이 없다.(至大無外 至小無內)"라는 문장을 음미해 보면, 우리는 언어의 한계를 절감하게 됩니다. 이것은 언어와 사유로만 존재할 뿐이지 우리의 감각이 체험할 수 없는 일이기 때문입니다. 마치 토끼 뿔이나 거북이 털을 찾는 것처럼 어리석은 일이라 할 수 있습니다.

우리는 언어를 바탕으로 이렇게 인식의 '매트릭스matrix' 속에 살아갑니다. 하지만 이것은 실상의 세계가 아니라 환상의 세계입니다.

인도의 용수龍樹 스님이 쓴 『중론中論』에는 "모든 인연으로 생긴 것들을 나는 공하다고 말한다. 또한 그것은 임시로 이름한 것이며, 또한 모두 중도의 참뜻이 된다.(衆因緣生法 我說卽是空 亦爲是假名 亦是中道義)"라는 게송이 있습니다. 이것은 언어와 실상을 정확하게 묘사한 말입니다.

언어의 그물에 포획된 사물과 현상들을 먼저 "모든 것은 서로 연결되어 함께 일어난다(衆因緣生)."며 그 진실을 밝히고, 그러한 성품을 "공空"이라 하지만, 그것은 또한 "임시로 지은 이름(假名)"일 뿐이며, 이러한 진실을 알아차리면 그것은 있는 그대로 "참뜻(中道義)"이 된다고 설명한 것입니다.

'텅 비어 있다Sunya'라는 뜻을 가진 '공空'은 마치 '없음(언어)'으로 '없음(실재)'을 가리키는 것처럼 자기모순된 가명假名의 언어를 통해 자기를 지칭하며 자기를 체험하게 합니다.

공은 "모든 것은 변해가고, 본래 고정된 실체가 없다.(諸行無常 諸

法無我)”는 유위법의 연기적 속성을 압축한 말입니다. 따라서 공은 그 자체로 존재하는 것이 아니라, '~에 대해서 넘어서meta' 있는 상징의 보이지 않는 부분과 같습니다. 공은 늘 '무엇'과 함께 일어나며, 그 '무엇' 곁에 한 쌍으로 공이 있음을 알아차리면, 그 '무엇'에 대해 넘어서 있는 보이지 않는 진실을 체험할 수 있습니다. 언어를 통해 진실을 말하고, 그 언어의 실체를 고백하며 언어를 버리는 것입니다. 그리고 언어를 버린 순간 그것은 진실과 하나가 되는 것입니다.

이것은 동일성과 차이성을 넘어서서 초월성을 체험하는 일입니다. 마치 '지금 여기'라는 말이 '지금 여기'를 가리키지만, 그 말을 버려야 '지금 여기'를 체험할 수 있는 것과 같습니다. 그러나 '지금 여기'라는 말이 없다면, 또한 '지금 여기'를 체험할 수 없습니다. 이제 '역유역무亦有亦無'의 모순은 '유무일여有無一如'로 하나가 되고, '비유비무非有非無'의 모순은 '유무불이有無不二'로 하나가 되는 것입니다.

불교에서는 '4구'라는 말과 '100비百非'라는 말을 함께 씁니다. 100비는 언어로 된 **'모든 것(百)'을 '부정한다(非)'**는 뜻으로 언어에 집착하지 말라는 말입니다. 4구로 세상을 포착하되 그것은 참다운 모습이 아니니, 그것을 100비로 씻어냄으로써 직접 진실을 체험하라는 것입니다. 이것이 "언어와 인식으로 구성된 삿됨을 깨면, 저절로 그 진실이 드러난다."는 **'파사현정破邪顯正'**이라는 말의 의미입니다.

언어와 인식은 비교와 분별이 본성이므로 고통과 행복은 손등과 손바닥처럼 서로 떼려야 뗄 수가 없습니다. 언어와 인식의 그물 속에 사는 이상 우리는 행복을 추구할 때마다 그만한 크기로 함께 일어난 고통을 영원히 지울 수가 없는 것입니다.

그러나 언어는 그 효용성을 가지고 있습니다. 마치 담벼락에 쓰여진 "낙서 금지"라는 말이 그 또한 낙서가 되면서도 낙서 금지라는 말을 통해 낙서를 막을 수 있는 것과 같은 이치입니다.

언어의 길이 끊어지면 곧 마음 갈 곳도 사라집니다(言語道斷 心行處滅). 그것은 끊임없는 부정의 자리이며, 언어로 언어를 지우고 환幻으로 환幻을 지우는 자리입니다.

욕망으로 욕망을 지우고, 끝내는 본래의 신령스런 '한 물건一物'과 하나가 되는 자리입니다. ●

선택과 결합으로 이루어진 욕망들은 다시 전후의 욕망들과 맥락을 이룹니다.

그리고 그것들은 하나씩 징검다리를 놓아 가며 자신이 보고자 했던 욕망의 끝 돌에 이릅니다.

그러나 개인과 집단, 공시성과 통시성으로 이루어진 이 인다라망 같은 욕망의 긴 여정은 욕망의 끝 돌에 이르러도 결코 완성되지 않습니다. 왜냐하면 그 여정 전체가 그가 다다르고자 했던 욕망이기 때문입니다.

스무고개의 해답은 따로 존재하는 것이 아니라, 그 스무고개의 여정 전체가 바로 해답이며 스무고개 문제를 낸 놈입니다. 사물을 질문으로 바꾸어놓고 수수께끼처럼 그 해답을 찾아간 여정 전체가 하나의 질문이 되는 것입니다.

따라서 우리는 영원히 그 욕망이 가리키는 진실을 만날 수 없습니다. 왜냐하면 욕망은 욕망이 그 자신을 가리키는 자기모순의 형식이자, 드러낸 것을 통해 그만큼의 숨어 있는 것을 가리키는 상징의 형식으로 이루어졌기 때문입니다.

상징은 남은 뼈를 통해 그 동물의 모습을 상상으로 복원하는 일입니다.

상징은 하나의 '부절符節'입니다. 징표를 하기 위해 대나무에 글을 쓰고 그것을 잘라 나누어 가지는 일입니다.

저는 자기가 쥐고 있는 대나무 조각을 '**황절黃節**'이라고 이름 붙여 보았으며, 보이지 않는 나머지 대나무 조각을 '**현절玄節**'이라고 이름 붙여 보았습니다. '절節'은 대나무 마디를 뜻하는 말로 둘로 쪼갠 '대나무 조각'입니다.

'현玄'은 '가물다'라는 뜻으로, 누에고치에서 갓 나온 실을 본 뜬 '요幺'와 어떤 초월적인 부분을 암시하는 '두亠'가 합쳐진 글자입니다. 하얗게 뭉쳐 있는 누에고치에서 '실(幺)'을 뽑아내기 위해 그 '실마리(亠)'를 찾는 것입니다. 그 실마리는 가물가물해 검은 빛을 띠고 있는데, 그것을 잡아당기면 흰 실이 꼬물꼬물 연이어 뽑혀져 나옵니다. 이에 '가물다'라는 뜻과 함께 '아득하다, 오묘하다, 신비롭다'라는 뜻이 된 것입니다.

【'亠'는 흔히 '돼지해밑 두', 혹은 '머리 두'라고 한다. '돼지 해亥'는 원래 '돼지'와 상관없는 한자로 『설문해자說文解字』에서는 "땅을 뚫고 나온 씨앗(亥核也)"으로 풀이하였으며, 12지지 중 마지막 글자에 해당한다. 이에 그 띠에 해당하는 동물인 '돼지'와 연결하여 '돼지 해'가 된 것이다. 전서체篆書體로는 '𤣥'로 표기하며, 산 자의 몸에 죽은 자의 영혼이 빙의된 것을 형상화한 것이라고 한다. '亠'는 죽은 자의 머리 위에 떠 있는 '광륜光輪'과 같은 것으로, '玄'의 글자에서는 아득한 신비의 세계로 들어가는 입구를 상징한다.】

'황黃'은 '누렇다'라는 뜻으로, 빛을 뜻하는 '광炗'과 땅바닥을 뜻하는 '전田'자가 합쳐진 글자입니다. '땅(田)'의 누런 색깔처럼 '옥(炗)'이 빛나는 모습입니다. 이에 '누렇다'라는 뜻과 함께 '누른빛, 황금, 황제'라는 뜻이 된 것입니다.

'玄'과 '黃'은 '天'과 '地'와 함께 천자문의 맨 첫 구절에 나오는 글자입니다. "하늘은 가물고 땅은 누렇다.(天地玄黃)"로 시작되는 천자문의 첫 구절은 뒷 구절의 "우주는 넓고 아득하다.(宇宙洪荒)"와 동의어로 우주와 생명의 시작을 알리는 말입니다. 따라서 하늘을 "푸르다"라고 하지 않고 "가물다"라고 한 것은 깊고 아득한 하늘의 본질을 묘사한 것입니다.

우리가 머물고 있는 이 지상의 세계는 '황절'의 세계입니다. 우리는 손에 황절을 쥐고 본래 그것과 하나이지만 이제는 사라져버린 저 아득하고 신비로운 '현절'을 찾아내야 합니다. 그러나 현절의 하늘 세계는 원래 텅 빈 무의 세계로 보려야 볼 수 없고 찾으려야 찾을 수가 없습니다. 그것은 다만 보이는 유의 세계를 통해서만 가늠해 볼 따름입니다.

지상의 황절은 마치 아기가 엄마의 젖을 빨아대며 생명으로 부풀어 오르듯이, 저 아득한 현절의 젖을 빨아대며 이 지상에 생명꽃을 피워낸 것입니다.

상징은 반만 드러내기입니다. 그리고 그 드러난 반을 통해 나머지 반을 알아야 합니다. 그러나 따로 나머지 반이 있는 것이 아니라, 그 드러난 반을 거울처럼 비추어 보고 나머지 반을 채워 넣어야 합니다.

상징은 우리의 인생과 닮았습니다. 인생은 우리가 인생에 대해 질문을 던지면 질문한 모든 이에게 각각 "인생은 무엇이다."라고 대답을 해 줍니다. 따라서 인생은 '여행'이고, '사과'이고, '오이디푸스'입니다.

사람들은 여기에 다시 "인생이 왜 여행이지?"라는 수수께끼 같은 질문을 던지고, '여행→인생'으로 징검다리를 놓으며 각자 그 숨은 사연을 찾아 떠나게 됩니다.

하지만 '인생'이라는 징검다리 끝 돌에 이르러도 그것은 결코 잡히지가 않습니다. 그 여정이 실은 하나의 거대한 질문이기 때문입니다. 자기 또한 그 수수께끼의 일원으로 하나의 질문이 되기 때문입니다. 그것은 마치 왼손이 왼손과 악수를 나누려는 것처럼 질문이 질문으로 대답하는 꼴입니다.

상징은 하나가 나오면 다른 하나는 반드시 들어가게 돼 있습니다. 이것을 '**일출일입一出一入**'이라고 이름 지어 보았습니다. 또 상징은 하나가 겉에 드러나면 다른 하나는 반드시 그 속에 숨어 있습니다. 이것을 '**일표일리一表一裏**'라고 이름 지어 보았습니다.

그러나 우리는 "인생이 무엇인가?"라는 질문을 통해서만 보이지 않는 '인생'과 접속할 수 있습니다. 황절을 쥐고 현절을 생각할 때만 그것과 하나가 될 수 있는 것입니다.

그것을 찾는 자가 또한 그것이 되는 것입니다.

저 하나의 풍광, 그림으로 그리기는 어려워라.

깊은 규방에 홀로 앉아 님 그리워하는 마음 전할 수 없듯.

자꾸만 '소옥아, 소옥아…' 소옥이를 부르니, 원래는 그에게 볼일이 없네.

다만 그리운 나의 님께 내 목소리를 확인시켜 주는 것일 뿐!

一段風光畵不成

洞房深處說愁情

頻呼小玉元無事

只要檀郞認得聲

「소염시小艶詩」, 작자 미상

나오는 말

의식과 무의식 사이에는 '레테Lethe의 강'이 흐르고 있습니다. 레테의 강은 그리스 신화에 나오는 강으로 이승과 저승 사이를 흐르는 망각의 강입니다. 죽음의 왕 '하데스Hades'가 지배하는 저승세계에 이르기 위해 마지막으로 건너야 하는 강입니다.

죽은 자의 영혼은 비통의 강 '아케론Acheron'을 건너며 생의 슬픔을 달랜다고 합니다. 얼음보다 차가운 탄식의 강 '코키토스Cocytus'를 건너며 그 회한을 씻어내고, 불의 강 '플레게톤Phlegethon'을 건너며 남은 감정들을 태워버린다고 합니다.

그리고 증오의 강 '스틱스Styx'를 건너며 죽음에 대한 분노마저 내려놓는다고 합니다. 이제 마지막 남은 망각의 강 '레테'를 건너며 죽은 자는 이승에서의 모든 기억들을 씻어낸다고 합니다.

비통의 강에는 '카론Charon'이라는 늙은 뱃사공이 죽은 자의 영혼을 안내한다고 합니다. 죽은 자는 카론에게 뱃삯으로 동전 한 닢을 쥐어 주고, 카론 대신 스스로 노를 저으며 죽음의 세계로 나아가야 합니다.

그리고 그가 다다른 하데스의 궁전에는 머리가 셋 달린 개 '케르베로스Cerberus'가 입구를 지키며 맞이한다고 합니다. 하나의 머리는 죽은 자의 영혼을 맞이하고, 다른 하나의 머리는 산 자의 접근을 막으며, 나머지 하나의 머리는 저승세계에서 달아나려는 영혼을 향해 불을 내뿜는다고 합니다. 불길에 휩싸여 저승세계에서마저 죽은 영혼은 이제 영원한 고독의 지옥 속으로 사라진다고 합니다.

하지만 강은 이승과 저승 사이를 막아서는 것이 아니라, 이승과 저승 사이를 연결해 주는 유일한 길이라고도 할 수 있습니다. 그러나 그 길은 아무에게나 허락되지 않습니다. 그 길은 한번 죽지 않고서는 도저히 들어갈 수 없는 곳입니다.

'하데스'는 '보이지 않는 자'라는 뜻입니다. 그리고 지하에 매장되어 있는 수많은 금은보석의 소유자로서 '풍요를 가져다 주는 자'라는 뜻인 '플루톤Pluton'이라는 이름도 갖고 있습니다.

하데스는 실은 보이지 않는 우리의 어두운 내면세계입니다. 그러나 한번 죽어서 그 심연에 닿았다 돌아오는 자는 이제 자기의 전체를 복원하는 영웅이 됩니다. 그는 무간 지옥을 거대한 황금으로 바꾸어 놓고, 자기만의 새로운 세계를 창조하며 스스로 자기를 실현하는 불멸의 영웅으로 거듭나는 것입니다.

나라는
증상
삶이라는
환상

예술, 꿈, 증상, 신화, 그리고 언어에 관한 짧은 시론

초판 1쇄 인쇄	2016년 10월 25일
초판 1쇄 발행	2016년 11월 3일

지은이	김권태
펴낸이	윤재승

주간	사기순
기획편집팀	사기순, 최윤영
영업관리팀	김세정

펴낸곳	민족사
출판등록	1980년 5월 9일 제1-149호
주소	서울 종로구 삼봉로 81 두산위브파빌리온 1131호
전화	02-732-2403, 2404
팩스	02-739-7565
홈페이지	www.minjoksa.org
페이스북	www.facebook.com/minjoksa
이메일	minjoksabook@naver.com

ISBN 978-89-98742-74-4 03120